Curso de español de los negocios

En equipo.es 2

Libro de ejercicios

Olga Juan Lázaro
Marisa de Prada Segovia
Ana Zaragoza Andreu

NIVEL INTERMEDIO

THE UNIVERSITY
OF BIRMINGHAM

CENTRE FOR
MODERN LANGUAGES

EDITORIAL EDINUMEN

I.S.B.N.: 84-95986-25-6
Depósito Legal: M-49.897-2 003
Impreso en España
Printed in Spain

Coordinación editorial:
  Mar Menéndez y María José Gelabert

Diseño y maquetación:
  Susana Fernández y Juanjo López

Impresión:
  Gráficas Glodami. Coslada (Madrid)

Fotomecánica:
  Reprosagasta. Madrid

Instituto Cervantes

Este método se ha realizado de acuerdo con el Plan Curricular del Instituto Cervantes, en virtud del Convenio suscrito el 3 de agosto de 2001

La marca del Instituto Cervantes y su logotipo son propiedad exclusiva del Inrtituto Cervantes

Editorial Edinumen
Piamonte, 7. 28004 - Madrid
Tfs.: 91 308 51 42 - 91 319 85 37
Fax: 91 319 93 09
e-mail: edinumen@edinumen.es
www.edinumen.es

Índice

Audio
[X]   [Número de la grabación]

Ejercicios

Unidad 1

EMPRESARIOS Y EJECUTIVOS ESPAÑOLES

1. **Revisa** *En esta unidad aprendes a...* **de la unidad 1 del** *Libro del alumno* **y completa las frases siguientes.**

¿Qué dices cuando quieres...?

1. Exponer las razones de algo:
Mis .... son las siguientes.

2. Proponer el tuteo:
¿Qué le parece si .... ?

3. Preguntar por la duración de una acción o situación:
¿ .... cuando Manuel García es el gerente de Virta?

4. Mostrar que se está siguiendo la intervención de otra persona:
¡Ah, sí!, ¿................. ....?

5. Aceptar una invitación o un ofrecimiento:
De acuerdo, me ....

2. **Elige el tiempo correcto del pasado.**

1. Ramón solía trabajar hasta las 8h, pero ayer *(estuvo/ ha estado/ estaba) (1)* .... cansado y *(salía/ había salido/ salió)(2)* .... del despacho a media tarde.

2. Nunca *(había visto/ veía/ vi) (1)* .... a Jorge tan seguro y decidido como ahora; recuerdo que antes *(fue/ era/ ha sido) (2)* .... más bien inseguro y algo dubitativo.

3. Hasta ahora, la compañía Fusa nunca *(obtuvo/ había obtenido/ obtenía)* .... un éxito tan rápido con un producto lanzado al mercado con tan escasos medios publicitarios.

4. Cuando Mar *(llegó/ llegaba/ había) (1)* .... el martes a la oficina, su secretaria ya le *(había ordenado/ ordenaba/ ordenó) (2)* .... la correspondencia y le *(colocó/ colocaba/ había colocado) (3)* .... la prensa económica encima de su mesa.

5. A Marta antes le *(molestó/ molestaba/ había molestado) (1)* .... recibir visitas ahora, en cambio, desde que *(siguió/ ha seguido/ seguía) (2)* .... ese curso de comunicación y relaciones públicas, está encantada de hablar con todos los que entran en su oficina.

3. Relaciona los elementos de las tres columnas. Puede haber varias posibilidades.

a)

Desde hace •

Hace •

Desde •

b)

• 2002 •
• 5 meses •
• entonces •
• unos 10 años •
• mis comienzos •

c)

• he tenido muchas experiencias en mi vida.
• controlo la gerencia de servicios.
• inauguré mi primera tienda.
• me trasladaron a Valencia.
• vendí mi anterior cadena.
• he sentido la necesidad de motivar.

Escribe algunas frases posibles:

1. ....
2. ....
3. ....
4. ....
5. ....
6. ....
7. ....
8. ....
9. ....
10. ....

4. **4.1.** Lee el texto sobre la empresa Ficosa y escribe los verbos que están entre paréntesis en la forma correcta del pasado.

El presidente y fundador de Ficosa Internacional S.A., gran empresario y hombre de negocios, se vio obligado a disminuir su frenético ritmo de trabajo, por lo que a finales del año pasado *(él) (reducir) (1)* .... su apretada agenda. *(Él) (encontrarse) (2)* .... totalmente satisfecho de lo que había logrado hasta ese momento, pero *(él) (sentir) (3)* .... que debía dar paso a la nueva generación.

Este gran personaje *(crear) (4)* .... un taller cuando tenía 15 años y ahora, de ese taller, ha conseguido construir un *holding* de empresas.

Este año, su labor empresarial *(ser premiada) (5)* .... con la Medalla de Oro de Trabajo. Cuando se la concedieron, expuso que ese premio *(6) (ser)* .... el reconocimiento a todo el equipo.

En estos últimos años, la empresa que él preside *(convertirse) (7)* .... en una firma modélica. El éxito se basa en el principio de que todos somos seres humanos igual de importantes aunque con responsabilidades diferentes. *(Él) (decidir) (8)* .... aplicar a la empresa los valores éticos en los que cree y *(él) (triunfar) (9)* .... haciéndolo así. Nos dice en esa entrevista: "Nosotros nos *(proponer) (10)*....................... europeizarnos antes de la incorporación de España a la Unión Europea; *(ser) (11)*...................... capaces de prever el futuro pero soñando siempre con los pies en tierra. Por eso, *(nosotros) (reajustar) (12)* .... la compañía, ya que vimos que éramos líderes en España, pero no en Europa. Eso *(suponer) (13)* .... trabajar con más ilusión aún para lograr ese sueño". Años más tarde, Ficosa *(instalarse) (14)* .... también en Corea, China y Japón.

4.2. Ahora, escribe los verbos que has completado en el ejercicio anterior, en la línea correspondiente del cuadro inferior y descubrirás en la línea vertical el nombre del fundador y presidente de la empresa Ficosa.

1. ☐☐☐☐■☐
2. ☐☐▣☐☐☐☐■☐☐☐☐☐☐
3. ■☐☐☐☐☐
4. ☐☐■☐
   ■
5. ☐☐▣☐☐☐☐☐▣☐☐☐■☐☐☐☐
6. ☐☐■
7. ☐☐▣☐☐☐▣☐☐☐☐☐■☐☐☐☐
8. ☐☐☐☐■☐☐☐
9. ☐☐▣☐☐☐☐☐☐☐■☐☐
   ■
10. ☐☐☐■☐☐☐☐☐☐
11. ☐■☐☐☐☐
12. ☐☐☐☐☐☐☐☐☐☐
13. ☐☐☐☐☐■
14. ☐☐▣☐☐☐☐☐■☐

5. En las siguientes columnas, encontrarás una relación de actitudes que todo superior debe evitar. Relaciona el comienzo de la frase, que aparece en la columna de la izquierda, con el final de la misma, que aparece en la columna de la derecha.

Así era mi desastroso jefe anterior:

1. Elaboraba •
2. Planificaba •
3. Olvidaba •
4. No preguntaba •
5. No corregía •
6. Trataba •

• **a.** reuniones improductivas e innecesarias.
• **b.** a propósito, la difusión de informaciones importantes.
• **c.** a sus colaboradores de forma injusta.
• **d.** una lista de reglas innecesarias.
• **e.** los errores, ni arreglaba las cosas mal hechas.
• **f.** nunca a sus colaboradores si estaban satisfechos.

6. Escribe el sustantivo o el adjetivo en la columna correspondiente para identificar qué ha de tener un directivo o cómo ha de ser.

El directivo o la directiva ha de tener...	El directivo o la directiva ha de ser...
Ejemplo: *honradez*	Ejemplo: *honrado/a*
	capaz
modestia	
valentía	
	honesto/a
	responsable
cautela	
	tenaz
	prudente
decisión	
	creativo/a
constancia	

7. A continuación, encontrarás dos frases. Forma con ellas una única frase introducida por *cuando*. Fíjate en el ejemplo.

Ejemplo: Salvador Tarmesa llegó a las 9h de la mañana a su despacho. Su secretaria llegó a las 8h y preparó la agenda del día.

Cuando Salvador Tarmesa llegó a las 9h de la mañana a su despacho, su secretaria ya le había preparado la agenda del día.

1. El director de ventas entregó el informe de su departamento el 27 de febrero. Su colega del departamento de compras lo dio una semana antes.

Cuando el director de ventas entregó el informe de su departamento,

2. A Pablo Díaz le despidieron de la empresa el 14 de junio. A la mayoría de sus compañeros les despidieron antes de las vacaciones de Pascua.

Cuando despidieron a Pablo Díaz el 14 de junio,

3. Rosa Fancí fue la última en salir de la oficina aquella tarde. El resto de los empleados salió de la empresa después de comer.

Cuando Rosa Fancí salió de la empresa,

4. A principios de mayo de 2003, la empresa USI se enteró de que había unos terrenos en venta en Salvador del Monte y mostró interés en comprarlos, pero tardaron más de un mes en tomar la decisión. La compañía PLOMO los adquirió a mediados de ese mismo mes.

Cuando la empresa USI decidió comprar unos terrenos en Salvador del Monte,

5. El año pasado, la empresa Funta empezó a exportar a Gran Bretaña. La mayor competidora de la compañía Funta comenzó a exportar a Gran Bretaña en 2001.

Cuando el año pasado la empresa Funta empezó a exportar a Gran Bretaña,

8.

8.1. Fíjate en las portadas de los siguientes libros.

8.2. Escucha la audición y relaciona los comentarios que se hacen con los títulos de los libros.

[1]

Comentario	Título
1.	
2.	
3.	
4.	

9.

9.1. En la radio, vamos a escuchar una entrevista a Magda Salarich, directora general de Citroën España. Antes de escucharla, lee las preguntas que le formula un entrevistador y que aparecen desordenadas.

a. Trato de imaginar la vida de una alta ejecutiva y veo un torbellino de citas, reuniones, decisiones..., sin perder de vista a la familia. ¡Qué estrés!

b. Con esos ingredientes, ¿la mujer puede alcanzar cualquier meta?

c. Freno no es precisamente lo que usted tiene. ¿Un carácter fuerte ayuda a desempeñar su puesto?

d. Haciendo un ejercicio de imaginación, ¿en qué puesto clave podremos ver a una mujer en los próximos diez años?

e. Cuando sus hijos se han puesto realmente enfermos, ¿cómo se ha arreglado?

f. Defínase, por favor.

g. En su caso, ¿esa seguridad ha sido clave para llegar a donde está?

Adaptado de http//www.elle.navegalia.com

9.2. Escucha ahora la entrevista e intenta tomar alguna nota sobre cada una de las respuestas de Magda Salarich.

[2]

1.

2.

3.

4.

5.

6.

7.

9.3. Ahora trata de relacionar las respuestas de Magda con las preguntas anteriores. Las notas que acabas de tomar y el siguiente cuadro te ayudarán. Vuelve a escuchar la cinta si lo necesitas.

1	2	3	4	5	6	7
a						

10. Lee las siguientes frases. Después, escucha la información y ordena las frases según aparecen en la audición.

[3]

Frase n.º ☐	**a)** La compañía Taro cobra unos 1000 euros por recolocación.
Frase n.º ☐	**b)** La empresa está especializada en recolocar a personas que han sido despedidas.
Frase n.º ☐	**c)** Actualmente, la empresa está implantada ya en varios países de Europa.
Frase n.º ☐	**d)** La empresa Taro fue creada por Tomás Arosa.
Frase n.º ☐	**e)** Ha conseguido recolocar entre 800 y 1200 personas al año.

En resumen

Unidad 1

Después de trabajar esta unidad, reflexiona sobre lo que has aprendido y cómo lo has hecho.

Vocabulario

1. Completa los siguientes gráficos con el nombre de tres personas conocidas tuyas. Sitúa en el centro su nombre y, alrededor, los adjetivos que la describen.

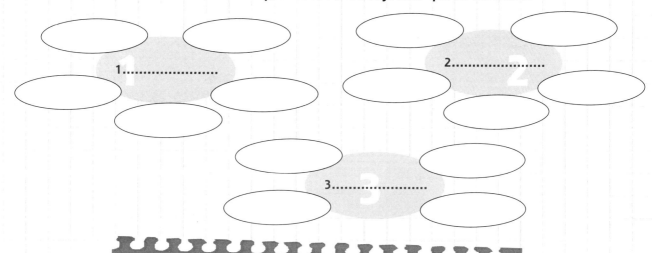

Consejos prácticos

Si el vocabulario que aprendes puedes relacionarlo con personas o situaciones cotidianas, te resultará más interesante, lo aprenderás pronto porque probablemente tendrás que usarlo antes.

2. Si pienso en las lecturas de esta unidad:

	SÍ	NO
1. He entendido en la primera lectura la idea general de los textos.	☐	☐
2. Las palabras que no conozco no me han impedido seguir leyendo.	☐	☐
3. Me gusta leerlas en voz alta para captar el sentido general.	☐	☐
4. Me gusta que otra persona las lea en voz alta para prestar atención a la entonación.	☐	☐
5. Me gusta repasarlas una vez que las he entendido para fijarme en la ortografía y la puntuación.	☐	☐

Consejos prácticos

De un texto puedes sacar mucha información. Piensa en qué es lo que resulta más provechoso para tu aprendizaje y aplícalo.

3. Páginas de *Hispanoamérica*

He entendido de la conversación entre Rodrigo Dos Santos y María Delia Magaró:

☐ Menos de un 60%   ☐ Entre un 60% y un 90%   ☐ Más de un 90%

De la primera lectura de los textos sobre Argentina y México, he comprendido:

☐ Menos de un 60%   ☐ Entre un 60% y un 90%   ☐ Más de un 90%

¿Cuáles son las mayores diferencias que notas entre el español de España, el de Argentina y el de México?

☐ La pronunciación   ☐ El vocabulario   ☐ ....

4.

En esta unidad aprendo a...	Asimilado		Debo revisar
	100%	**80%**	
Invitar o proponer algo.			
Aceptar y rechazar una invitación.			
Preguntar si alguien sabe algo.			
Corregir sobre mis palabras si me he confundido.			

5. El apéndice gramatical lo he utilizado para:

Repasar la forma de los tiempos del pasado. Indica qué tiempos:

• ....   • ....   • ....

¿Cuándo debo usar las tres formas de pasado que conozco?

☐ Lo tengo muy claro.   ☐ Dudo en el 50% de las ocasiones.   ☐ Lo tengo poco claro.

Para las próximas unidades, tengo que:

☐ Pedir más ejemplos al profesor.

☐ Leer más textos narrativos para aclararme con los usos del pasado.

☐ ....

☐ ....

6. Sobre el *Apéndice WWW*

He guardado en mi directorio de Internet y en favoritos del navegador las siguientes páginas presentadas en el *Apéndice WWW*.

http:// _____

http:// _____

http:// _____

Unidad 2

PUNTO.COM

1. Completa las siguientes frases con una de las palabras que están en el recuadro.

> consejos • **opinión** • fijaremos • **detalle** • idea
> **entrará** • sería • **Podrías** • punto • **interesaría**

¿Qué dices cuando quieres...?

1. Hablar de hechos del futuro
El servicio "B2B" *(1)*..................... en vigor el próximo otoño.

2. Dar *(2)*...........................
Yo que tú combinaría...
Yo en tu lugar, hablaría...
Yo creo que (3)....................... mejor...

3. Expresar opinión
Desde mi (4).................... de vista...
En mi (5)....................., ...

4. Pedir aclaraciones
¿Puedes/Puede entrar en más (6).................... sobre el punto...?
¿Te/le importa explicar un poco más tu/su (7)............. sobre...?
¿(8).................. explicarme qué quieres decir...?

5. Llamar la atención sobre una parte del discurso
Me (9)..................... destacar...
Nos (10)........................... ahora en...

2. Sopa de letras
Busca seis términos relacionados
con Internet.

A	S	D	V	B	N	M	I	O
Z	B	N	M	I	O	K	D	L
H	J	B	U	S	C	P	I	Ñ
B	U	S	C	A	D	O	R	S
M	I	O	K	J	I	R	E	O
X	C	E	R	E	R	T	C	T
M	N	B	V	C	R	A	C	I
U	P	O	R	A	A	L	I	L
N	M	I	O	L	V	V	Ó	H
G	G	V	E	N	T	A	N	A
C	E	R	G	E	H	H	J	Ñ
Y	P	Á	G	I	N	A	Y	O

3. Completa los siguientes diálogos con la forma de futuro imperfecto o condicional simple.

1.
► ¿Qué (pasar)...................... el próximo año en Asia?
▷ Pues, que (tener).................... el 37% del total mundial de *internautas*.

2.
► ¿Cómo (poder)....................... leer mejor esta página *web*?
▷ Yo que tú, (poner).................... otra fuente, como por ejemplo *arial*.

3.
► Dicen que en un futuro no muy lejano el casi 90% de accesos a la red se (hacer) .... mediante teléfono móvil, ¿tú qué opinas?
▷ Yo creo que (ser)........... un porcentaje menor.

4.
► No sé con qué compañía es mejor contratar la conexión a Internet. Tú, ¿cuál me (aconsejar).....................?
▷ ¡Es muy difícil aconsejar! Depende de tus necesidades. Yo en tu lugar, (preguntar)............. a varias compañías.

4. Lee las siguientes palabras en voz alta.
¿Recuerdas su significado? Si necesitas ayuda, el *Apéndice Glosario* del *Libro de ejercicios* te ayudará. Después, completa la tabla.

a continuacion
la reunion
la sesion
el usuario
la asistencia
la publicacion
la preparacion
el sector
los costes
las corporaciones
la inversion
la gestion
el comprador
el pago
los proveedores
la atencion

Llevan tilde	No llevan tilde

5. Ordena las partes de la siguiente convocatoria de reunión.

Apartado		Apartado		Apartado		Apartado	

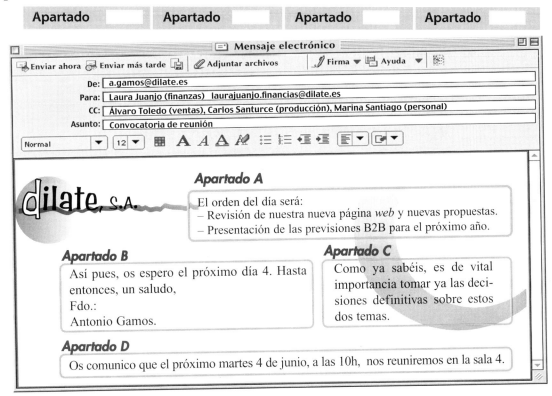

Mensaje electrónico

Enviar ahora   Enviar más tarde   Adjuntar archivos   Firma ▼   Ayuda ▼

De: a.gamos@dilate.es
Para: Laura Juanjo (finanzas)   laurajuanjo.financias@dilate.es
CC: Álvaro Toledo (ventas), Carlos Santurce (producción), Marina Santiago (personal)
Asunto: Convocatoria de reunión

Normal ▼   12 ▼

dilate, S.A.

Apartado A

El orden del día será:
− Revisión de nuestra nueva página *web* y nuevas propuestas.
− Presentación de las previsiones B2B para el próximo año.

Apartado B

Así pues, os espero el próximo día 4. Hasta entonces, un saludo,
Fdo.:
Antonio Gamos.

Apartado C

Como ya sabéis, es de vital importancia tomar ya las decisiones definitivas sobre estos dos temas.

Apartado D

Os comunico que el próximo martes 4 de junio, a las 10h, nos reuniremos en la sala 4.

6. Ordena las cajas siguientes para conseguir una frase correcta. En cada frase hay una caja "intrusa", descúbrela.

1. Cómo estar presente en Internet | por | es una duda
que acecha | a | la pyme española

La frase dice:
....
La caja "intrusa" es:...................................

2. me | aloja y | ¿Qué compañía | gestiona
de mi empresa? | las páginas *web* | os

La frase dice:
....
La caja "intrusa" es:...................................

3. ¿Cuáles | a la red? | me | presta
un mejor acceso | ¿Quién

La frase dice:
....
La caja "intrusa" es:...................................

7. Une con una flecha estas dos columnas. En ellas, aparecen términos y expresiones relacionadas con los servicios que ofrece Internet.

1. Servicio de atención •
2. Acceso a bases •
3. Correo •
4. Tarifa •
5. Transferencia •
6. Registro de los •
7. Alta •
8. Coste •

• **a.** de ficheros
• **b.** al cliente
• **c.** dominios en las organizaciones oficiales
• **d.** plana
• **e.** gratuita
• **f.** de datos
• **g.** fijo mensual
• **h.** electrónico

8. **8.1.** Vas a escuchar a cinco personas que dan informaciones muy diferentes. Anota de qué habla cada una.

[4]

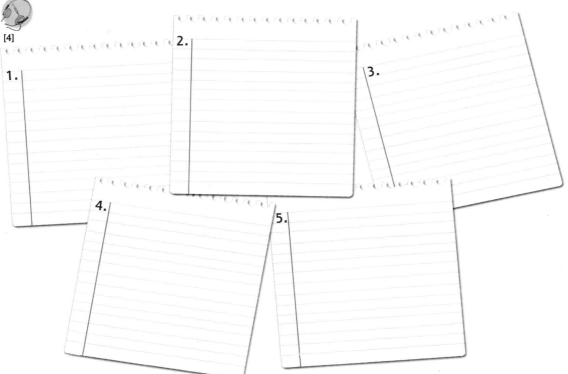

8.2. Vuelve a escuchar la audición y señala si se usa el futuro imperfecto o el condicional simple.

	Futuro imperfecto	*Condicional simple*
1.		
2.		
3.		
4.		
5.		

9.

Lee la siguiente lista de servicios de Internet. Después, escucha los siguientes anuncios publicitarios de la campaña radiofónica de una compañía de servicios de Internet. Señala los que se mencionan en la lista.

[5]

	1.	Publicidad.
	2.	Noticias electrónicas.
	3.	Comercio electrónico.
	4.	Coste fijo anual.
	5.	Tarifa plana.
	6.	Altas temporales (eventos especiales, ferias...).
	7.	Mantenimiento y hospedaje de DNS (Domain Name Server).
	8.	Velocidad.
	9.	Fácil de configurar.
	10.	Servicio de consultoría para la creación y mantenimiento de la *web* corporativa.

10.

10.1. ¿Recuerdas la *Lectura* de la unidad 2 del *Libro del alumno*? **Vuelve a leerla.**

Internet en España: dónde estamos, hacia dónde vamos

Ahora estamos...

Si analizamos los datos del Estudio General de Medios (EGM), vemos que aproximadamente el 12% de los españoles mayores de catorce años ha utilizado alguna vez Internet (más de 6 822 000). Estos usuarios corresponden al 15% de las personas que utilizan el ordenador.

El usuario español se conecta a Internet una media de 10 ocasiones por semana. En una sesión se visitan una media de 9 sitios y se miran unas 25 páginas. El porcentaje de *banners* que se pulsan es del 0,4%.

El portal por el que más habitualmente se llega a la red (26,6%) es Terra. A continuación se sitúan Yahoo (16,7%) y Ya.com (5,2%.) Si hablamos de publicaciones electrónicas, las más visitadas son *El País* (2 979 000 visitas/mes), *El Mundo* (1 716 000) y *Marca* (1 496 904 visitas /mes).

10.2. A continuación, escucha la siguiente grabación y detecta los cambios que se han realizado. En las columnas correspondientes escribe la palabra del texto y la palabra de la audición.

[6]

Palabras de texto	Palabras de audición

En resumen

Unidad 2

Después de trabajar esta unidad, reflexiona sobre lo que has aprendido y cómo lo has hecho.

1. Vocabulario

Selecciona 10 palabras nuevas de la unidad, con los siguientes criterios:

No te resultan fáciles de aprender	Crees que las vas a necesitar para tu trabajo

Escribe una frase con cada una de ellas intentado reproducir situaciones en las que vas a tener que emplearlas.

¿Crees que te puede ayudar hacer esto con cada unidad? Si es así, crea en tu cuaderno una sección para este apartado. Si no es así, ¿qué te puede ayudar a aprender el vocabulario nuevo?

2. En las actividades de conversación:

☐ Estructuro mis ideas adecuadamente.

☐ Me cuesta encontrar argumentos para defender mis puntos de vista.

☐ No sé cuándo me toca intervenir.

☐ No tengo problemas para conseguir que me entiendan.

☐ Consigo usar las expresiones y recursos propuestos en la unidad.

☐ Olvido fácilmente el vocabulario, las expresiones, etc. de otras unidades.

☐ Uso el vocabulario nuevo rápidamente y con facilidad.

Para la próxima unidad tengo que:

☐ Repasar bien los recursos que he aprendido en la unidad para usarlos adecuadamente en las actividades de conversación.

☐ Intentar hablar más y de forma más estructurada.

☐

☐

3. Páginas de *Hispanoamérica*

Al escuchar por primera vez a un chileno, he entendido:

☐ Menos de un 60%   ☐ Entre un 60% y un 90%   ☐ Más de un 90%

De las expresiones usadas por Vittorio, recuerdo ....

De Chile no sabía que ....

4.

En esta unidad aprendo a...	Asimilado 100%	80%	Debo revisar
Hablar del futuro.			
Hablar de hechos probables.			
Destacar una parte del discurso.			
Conjugar los irregulares del futuro y del condicional.			
Acentuar las palabras terminadas en -ión.			

Intenta pensar en las expresiones que utilizarías para cada uno de esos contenidos y escríbelas en tu cuaderno. Después, busca en la unidad otras para completar la información que has recordado.

5. Aprendizaje formal de la lengua
¿Qué tiempos nuevos has aprendido en esta unidad?

....

¿Recuerdas algunos verbos irregulares de esos tiempos?

....

¿Qué es lo que más te cuesta aprender de la morfología verbal?

☐ me cuesta mucho la acentuación   ☐ los irregulares me resultan muy complejos

☐ ....

¿Cómo crees que podrías mejorarlo? Si no se te ocurren propuestas, pregunta a tus compañeros cómo lo hacen ellos, tal vez te ayude a aprenderlo mejor.

6. Mi directorio de Internet personal
Indica las tres direcciones que recomendarías a un compañero de trabajo sobre algún aspecto de esta unidad. ¿Qué información destacarías?

http://
http://
http://

Unidad 3

RECURSOS HUMANOS: UN ENTORNO LEGAL

1. **Revisa** *En esta unidad aprendes a...* **de la unidad 3 del** *Libro del alumno* **y escribe las siguientes frases en el lugar correcto.**

    a) *A ver si te comprendo bien, ¿lo que quieres decir es que...?*

    b) *Ésta debe de ser la cartilla de la Seguridad Social.*

    c) *Si quieres cambiar de trabajo, coméntaselo a todos tus conocidos y cómprate los periódicos con ofertas de empleo.*

    d) *Perdona, pero creo que no te he entendido. ¿Quieres decir que...?*

    e) *No mandes un currículum a una empresa que no te gusta.*

    f) *Mira, creo que esto debe de ser la tarjeta del INEM.*

Comprobar que un concepto lo hemos entendido bien → _____
_____

_____
_____ ← **Expresar hipótesis**

Dar una recomendación o consejo ⇨ _____
_____

2. **2.1.** **A continuación, encontrarás algunos de los deberes de un trabajador según la** *web* **del Instituto Nacional de Empleo** <u>http://www.inem.es/</u>**. Léelos.**

Deberes del trabajador:

- Cumplir las obligaciones concretas del puesto de trabajo.
- Seguir las órdenes e instrucciones del empresario.
- No realizar la misma actividad que la empresa en competencia con ella.
- Contribuir a mejorar la productividad.
- Respetar todos los deberes que se establecen en el contrato de trabajo.

Texto adaptado <u>http://www.inem.es/</u>

2.2. Escribe un correo electrónico a un compañero español aconsejándole sobre estos deberes que acabas de leer en la *web*. Usa la forma *tú* del imperativo. Según tu experiencia, ¿añadirías más deberes del trabajador? Piénsalos y añádelos a la lista.

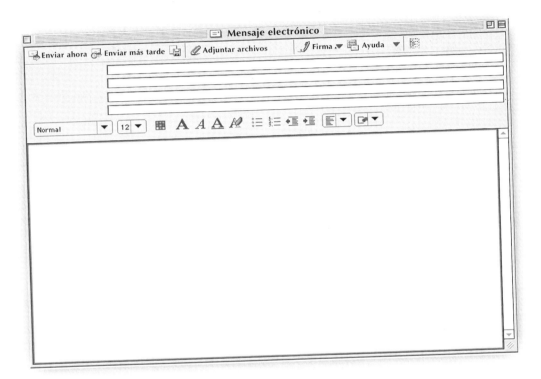

2.3. Imagínate que te han pedido que redactes esos deberes en un documento que acompañe la firma de los contratos de la empresa para la que trabajas. Escríbelo y añade, además, los siguientes deberes. Usa la forma de imperativo para *usted*:

- Ser puntual.
- No revelar información que puede ser de interés de la competencia.
- Promover un clima de tolerancia y bienestar general.

3. Completa el crucigrama con los marcadores temporales que has visto en la unidad.

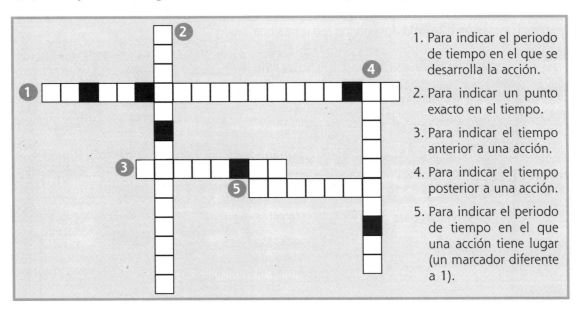

1. Para indicar el periodo de tiempo en el que se desarrolla la acción.

2. Para indicar un punto exacto en el tiempo.

3. Para indicar el tiempo anterior a una acción.

4. Para indicar el tiempo posterior a una acción.

5. Para indicar el periodo de tiempo en el que una acción tiene lugar (un marcador diferente a 1).

4. **4.1.** Completa las siguientes frases con adjetivos que expresan tiempo. Las palabras de los paréntesis te darán una pista.

1. La renovación de mi contrato es ...*anual*... (al año).
2. Yo gano 100 euros netos .... (al día).
3. Gano 500 euros netos .... (a la semana).
4. La retribución total es de 3500 euros brutos .... (al mes).

4.2. Fíjate en el calendario de los meses de enero, abril y mayo de la Comunidad de Madrid.
¿Sabes por qué son festivos los días señalados en rojo que no son domingos? Relaciona los elementos de las dos columnas.

1 de enero • • a. Epifanía del Señor o Reyes Magos. Fiesta nacional.
6 de enero • • b. Día de la Comunidad de Madrid. Fiesta de la Comunidad Autónoma.
17 y 18 de abril • • c. Año nuevo. Fiesta nacional.
1 de mayo • • d. San Isidro Labrador, patrón de Madrid. Fiesta local.
2 de mayo • • e. Jueves y Viernes Santo (Semana Santa). Fiesta nacional.
15 de mayo • • f. Día del trabajador. Fiesta nacional.

4.3. Fíjate de nuevo en los calendarios de 4.2. ¿Cuántos días naturales hay en cada mes? ¿Y días hábiles? Días naturales son todos los días del mes y días hábiles solamente los días laborables.

	ENERO	ABRIL	MAYO
Días hábiles			
Días naturales			

5.

5.1. Tienes que dar las siguientes instrucciones a un miembro de tu equipo antes de irte de viaje a Europa. Escríbelas. Usa el imperativo y fíjate en la colocación de los pronombres. El trato es de *tú*.

1. Tienes pendiente la respuesta a Juan Mellado para publicar el fin de semana del 21 de marzo el anuncio del nuevo producto. La respuesta es afirmativa a su presupuesto.

2. Esperas la llamada de Carolina Pinedo. Ella tiene que mandarte por fax el presupuesto.

3. No sabes nada de Enrique Hurtado. Si llama, concierta una cita con él para la feria *Liber-Barcelona*.

4. Si hay llamadas personales, pueden darles el número privado del teléfono móvil.

5. No tienes nada pendiente con la directora de área, pero si llama, deberán pasarte su llamada inmediatamente.

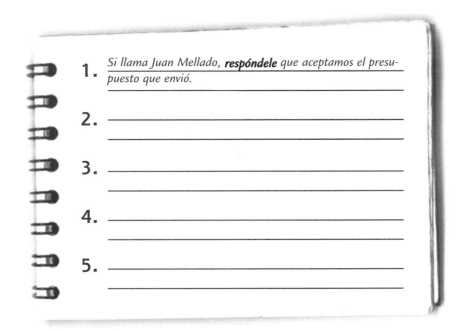

1. Si llama Juan Mellado, **respóndele** que aceptamos el presupuesto que envió.

2.

3.

4.

5.

5.2. Una vez hecho, léelas en voz alta fijándote en la entonación y la puntuación.

6. Vuelve a leer el texto de la actividad 10 de la unidad 3 del *Libro del alumno*, "La grafología en la carta de presentación".

Prepara una carta a un grafólogo pidiéndole que se fije especialmente en algunos aspectos concretos de las cartas de presentación manuscritas que le adjuntas, puesto que te interesan para los nuevos puestos de trabajo que sacáis al mercado. Usa el imperativo. El trato es de *usted*.

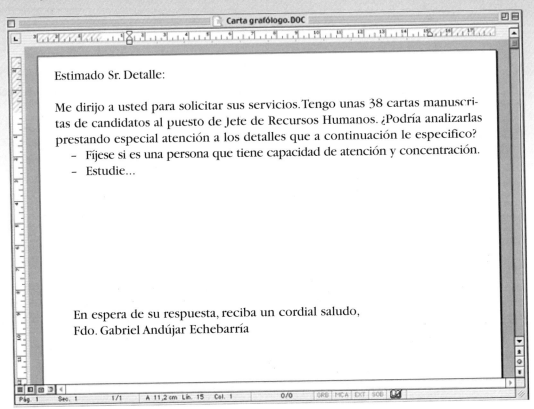

7. 7.1. ¿Recuerdas qué tipo de complementos pueden componer el desglose de una nómina? Revisa la actividad 5 de la unidad 3 del *Libro del alumno*.
Escribe a continuación los complementos que recuerdes.

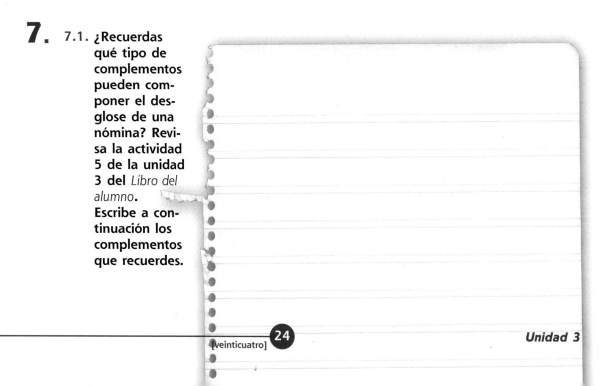

7.2. Ahora, escucha la conversación entre dos compañeros de trabajo sobre la subida de salario en enero. La primera vez que la escuches, presta atención al contenido general. La segunda vez, anota la subida de los diferentes complementos que se mencionan.

[7]

Concepto	% de subida

8.

8.1. "Creando valor en las empresas mediante las personas" es el título de la audición que vas a escuchar. ¿Cuáles de las siguientes palabras crees que vas a oír en la audición?

"Creando valor en las empresas mediante las personas"

creatividad — bolsa española — estilo de dirección — empleados — cuenta corriente — inversión — equipo de trabajo — organización — privatización — cajero automático — importar — añadir valor — actitud positiva — escuela de negocios — servicio al cliente

8.2. Después de escuchar la audición, completa las siguientes frases según la opinión de los tres expertos en gestión de empresas.

[8]

a) El buen líder ha de tener en cuenta...
_____

b) Los estilos de gestión autoritarios fracasan...
_____

c) Quienes contribuyen más a añadir valor a una empresa son...
_____

d) Los equipos de trabajo que están alejados del núcleo de poder son...

9.

9.1. Vas a escuchar cuatro conversaciones. El siguiente cuadro te indica el tema de cada una de ellas. Después, escucha los diálogos, fíjate en los verbos que están en imperativo y anótalos.

[9]

Imperativos
Conversación 1: felicitaciones navideñas
Conversación 2: factura de Página 7
Conversación 3: ofertas de trabajo
Conversación 4: llamadas al móvil

9.2. Vuelve a escuchar las conversaciones. Fíjate en los pronombres, ¿a quién y a qué se refieren?

	Imperativos	¿A quién se refieren?	¿A qué se refieren?
Conversación 1	Coméntaselo		
Conversación 2	Pásasela		
	No les des	A los de contabilidad	El dossier del último trabajo
Conversación 3	Clasifícalas		
	No les facilites		
Conversación 4	No me llames		

10. [10]

10.1. Escucha los anuncios publicitarios. Relaciona cada anuncio con la imagen correspondiente.

a.

Tenemos todo lo que necesitas para montar un stand de feria sin preocuparte.

Déjalo de nuestras manos.

b.

c.

Leer es fácil

seleccionar lo interesante no es tan fácil

d.

PRUÉBELO CON LOS OJOS CERRADOS

10.2. Vuelve a escuchar los anuncios e identifica el trato que dan al destinatario, ¿de *tú* o de *usted*?

¿De tú o de usted?		¿De tú o de usted?	
Anuncio 1		Anuncio 3	
Anuncio 2		Anuncio 4	

En resumen
Unidad 3

Después de trabajar esta unidad, reflexiona sobre lo que has aprendido y cómo lo has hecho.

1. Vocabulario

Una forma de enriquecer el vocabulario en una lengua extranjera es buscar sinónimos de palabras que ya conocemos. Esta estrategia también nos ayuda a tener recursos cuando olvidamos una palabra concreta.

¿Puedes escribir sinónimos de las palabras siguientes? Añade otros grupos de palabras que te interese trabajar.

a. **Mandar** una carta:

b. Dirigirse a una **empresa**:

c. Cobrar un **sueldo**:

d.

e.

Consejos prácticos

Estas listas de palabras propias pueden ir creciendo de unidad en unidad, y enriquecer tu aprendizaje del español. Si tienes un diccionario propio, puedes agrupar las palabras por sinónimos.

2. Antes de una comprensión auditiva, me gusta:

☐ conocer de qué va el tema, me ayuda a relajarme.

☐ trabajar el vocabulario nuevo que va a aparecer.

☐ saber cuántas veces voy a poder escuchar el CD para realizar la actividad.

☐ que el profesor comente las palabras que aparecen y que ya conocemos.

Después de la comprensión auditiva, y una vez que has realizado una actividad, ¿qué puedes hacer para sacar mayor partido a la audición?

☐ Resumir lo que has escuchado.

☐ Apuntar alguna expresión que no habías usado antes, pero que la reconoces y puede serte útil.

☐ Trabajar con el compañero para ver si hemos entendido lo mismo.

☐ Hacer un diagrama con las ideas claves.

Consejos prácticos

Intenta volver a escuchar en un ambiente relajado las audiciones que has trabajado en clase. ¿Captas mejor el contenido del diálogo o del texto? ¿Te llaman la atención expresiones o aspectos, como la entonación, a los que no habías prestado atención en el aula?

3. En las páginas de *Hispanoamérica*, ¿qué información nueva has conocido sobre Chile?
Sobre Chile no sabía que ....
....
....
....

Me han llamado la atención las siguientes expresiones chilenas ....
....

4. Después de estudiar la unidad 3:

	Adquirido	Debo mejorar
1. Puedo dar instrucciones para que alguien haga algo.	☐	☐
2. Puedo preguntar sobre algo que no me ha quedado claro, a ver si lo he entendido correctamente.	☐	☐
3. Puedo dar consejos a amigos y compañeros de trabajo.	☐	☐
4. Puedo expresar hipótesis sobre lo que es una cosa u objeto.	☐	☐
5. Puedo preguntar qué pasa si se produce un supuesto o una situación determinada.	☐	☐

5. ¿Qué has buscado en el *Apéndice gramatical* para esta unidad?
....
....
....

6. Mi directorio de Internet personal
Selecciona del *Apéndice WWW* las direcciones que tienen relación con el tema de recursos humanos, consejos para impresionar en una entrevista de trabajo, etc. Lo más importante es que puedas seleccionar dos artículos de cada dirección que comprendas según tu nivel de lengua.

	Títulos de los artículos
http://	
http://	
http://	

Unidad 4

CULTURA EMPRESARIAL

1. Relaciona cada función con sus estructuras correspondientes. Tacha las 4 estructuras que no pertenecen a ninguna.

Para decir algo sin referirte a nadie en concreto •

Expresar sugerencias y propuestas •

Referir palabras de un texto o palabras de alguien •

Dar la enhorabuena •

- Contar
- Lo siento.
- Exponer
- Recomendamos leer el manual de procedimiento...
- ¡Felicidades!
- Comentar
- ¡Enhorabuena!
- Tengo más problemas cuando...
- Uno trabaja mejor...
- Liderar
- Sugerimos volver a la antigua distribución.
- Recordamos que ya está tomada la decisión.
- Se rinde más cuando...

2. Piensa en tu situación profesional actual y en cómo la describirías. Completa la siguiente lista.

a. Lo (más) destacado es...
b. ....
c. ....
d. ....
e. ....
f. ....
g. ....
h. ....
i. ....
j. ....

3. Completa el siguiente entrecruzado.

Escribe el verbo de los siguientes sustantivos y completa la fila correspondiente. Luego lee la palabra de la columna, es sustantivo del verbo *emplear*.

1. El verbo del sustantivo *la mejora* es.............................

2. El verbo del sustantivo *la formación* es.............................

3. El verbo del sustantivo *la promoción* es.............................

4. El verbo del sustantivo *la fidelización* es.............................

5. El verbo del sustantivo *la evaluación* es.............................

6. El verbo del sustantivo *la búsqueda* es.............................

7. El verbo del sustantivo *el rendimiento* es.............................

8. El verbo del sustantivo *la motivación* es.............................

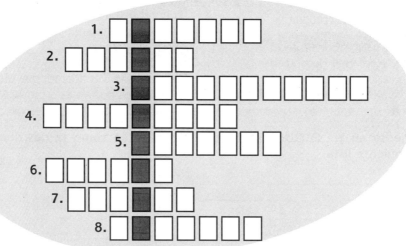

4. 4.1. ¿Puedes identificar estos productos? Todos ellos han salido en los menús de la unidad 4 del *Libro del alumno*, actividad 6. Escribe lo que es cada foto.

a. b. c. d. e. f. g. h. i. j.

4.2. ¿Qué sería lo más adecuado en cada circunstancia? Completa las siguientes frases.

a. En un bar, al salir del trabajo con los compañeros, sugiero pedir ....
....

b. Para organizar un aperitivo en la oficina para celebrar el ascenso de un compañero, recomiendo comprar ....
y para beber pienso que es adecuado ....

c. En un restaurante comiendo con el jefe el jueves al mediodía cerca de la oficina, propongo pedir de primer plato ....

d. Para una comida rápida solitaria en el bar más cercano a la oficina, sugiero tomar ....

5. Lee los menús de la actividad 6.3 del *Libro del alumno* y distribuye los elementos de cada menú en su categoría correspondiente.

Pescado

bacalao,

Carne

lomo de buey,

Marisco

Arroces y pastas

Verduras, legumbres y hortalizas

Entremeses, entrantes y aperitivos

Bebidas sin alcohol

Bebidas con alcohol

Postres

6. ¿Recuerdas la lectura de la unidad 4 del *Libro del alumno*? Completa los espacios con alguna de las siguientes posibilidades.

> Aunque • y • como consecuencia
> En total • a través de (2) • Cuando • mientras que

Fidelizar a los empleados facilitándoles sus tareas domésticas

"*(1)*.................... un empleado tiene una gestión personal pendiente, disminuye su ritmo de trabajo. Con este programa, muchas de estas gestiones las puede tener cubiertas en la propia empresa", señala Alfonso Jiménez, director general de Watson Wyatt, que hace hincapié en que, de esta forma, la empresa rentabiliza cada euro que invierte.

Miriam Aguado, consultora de Watson Wyatt indicó que se trata de una estrategia en la que todos ganan: la empresa porque motiva, compromete y rentabiliza el trabajo de sus empleados, *(2)*...................... .... estos pueden resolver problemas, tienen una mayor satisfacción y, *(3)*................... ...., mejoran en el desempeño de sus funciones.

(4)........................ la consultora de recursos humanos y el grupo multiasistencia MGA son los responsables últimos del funcionamiento de este programa, quien tiene el protagonismo ante los empleados es la propia empresa, que es la que da el servicio directamente *(5)*...... .... varias vías.

La empresa facilita a sus empleados *(6)*........... .... la Intranet, del propio móvil o de un *call center*, la reserva de mesa en un restaurante con un 25% de descuento, la compra de un coche más barato, la búsqueda de una canguro para sus hijos, el envío de flores *(7)*.................... la gestión de la tintorería y de otras compras. *(8)*............. ...., más de cincuenta servicios que pueden establecerse según las preferencias del colectivo que los demande.

Expansión y empleo

7. **7.1.** **Carlota y Luis leen un artículo sobre la participación de los trabajadores en las mejoras de la empresa. Sustituye los verbos "decir" que aparecen por sinónimos** *(comentar, explicar, afirmar, especificar, detallar, señalar, exponer, añadir, preguntar...)*.

▶ **Carlota:** Luis, ¿has comprado el *Emprendedores* de este mes?

▷ **Luis:** En mi quiosco se había agotado ya. Estaban esperando más ejemplares. ¿Hay algo interesante?

▶ **Carlota:** Sí, algunos artículos, pero hay uno que me gusta para aplicar en nuestra empresa. Trata sobre los sistemas que fomentan la participación de los trabajadores a la hora de sugerir mejoras en la empresa. Dice *(a. ....)* que aprovechar una buena idea de cualquier trabajador es un ahorro de miles de euros.

▷ **Luis:** ¿Ah sí? ¿Cómo?

▶ **Carlota:** Pues nada, dice que... Espera, mira, lo tengo aquí. Dice *(b. ....)* ¿Quién sabe más que los empleados para sugerir mejoras en la empresa? y también dice *(c. ....)* Nadie mejor que ellos puede ver lo que no funciona y la forma de solucionarlo.

▷	**Luis:**	Ah, mira lo que dice *(d. ....)* aquí, que esa no es la principal ventaja. Según dice *(e. ....)* Jesús Ramiro, presidente del Comité de Participación y Mejora de la Asociación Española para la Calidad (AEC), la principal ventaja de esta participación es la implicacion real del trabajador en la consecución de una mayor competitividad de su empresa, ya que interviene directamente en su mejora, además de favorecer la comunicación y colaboración entre todos los niveles y miembros de la organización.
►	**Carlota:**	Pues sí, tienen toda la razón.
▷	**Luis:**	Sí, la verdad es que sí.

7.2. Fíjate en los dos párrafos destacados en color. Puntúalos empleando comillas, dos puntos, punto final, etc.

8.

Escucha los diálogos de la audición. ¿Te parecen adecuadas las reacciones de las personas que intervienen en segundo lugar? Presta atención a las palabras destacadas en negrita y marca con un círculo si son adecuadas o no. En caso de que no lo sean, sustitúyelas por una expresión más adecuada.

[11]

a. ► (...)
    ▷ **¡Ya era hora! Nunca me toca nada.**

ADECUADO: Sí ☐   No ☐
Propuesta:

b. ► (...)
    ▷ **¡No, hombre, no!, no hace falta. Todo ha ido muy bien.**

ADECUADO: Sí ☐   No ☐
Propuesta:

c. ► (...)
    ▷ **Bueno, no pasa nada. Ya estoy acostumbrado a éste. Es más pequeño, pero tiene luz natural. Más vale bueno conocido que malo por conocer.**

ADECUADO: Sí ☐   No ☐
Propuesta:

d. ► (...)
    ▷ **¡Vaya, ya era hora!, pensaba que nunca ibas a llamar.**

ADECUADO: Sí ☐   No ☐
Propuesta:

e. ► (...)
    ▷ **Gracias, muchas gracias por decírmelo.**

ADECUADO: Sí ☐   No ☐
Propuesta:

9. Vas a escuchar unos mensajes en el buzón de voz de tu teléfono del trabajo y en el de tu casa. Primero, escúchalos y toma nota del motivo de la llamada. Después, quieres devolver las llamadas pero no hay nadie y tienes que dejar mensajes en el contestador de cada una de las personas. Vuelve a escucharlas y escribe el mensaje que dejarías (da la enhorabuena, felicita o expresa pesadumbre).

[12]

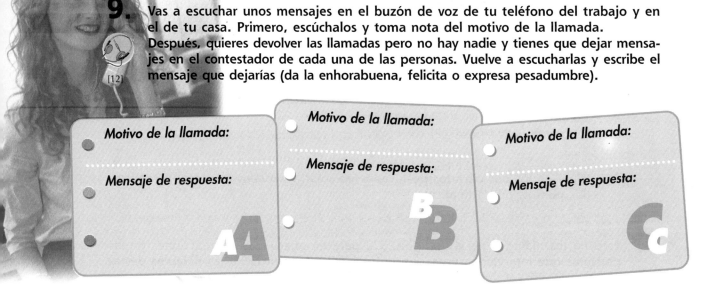

Motivo de la llamada:
....
Mensaje de respuesta:

A

Motivo de la llamada:
....
Mensaje de respuesta:

B

Motivo de la llamada:
....
Mensaje de respuesta:

C

10. **10.1.** Vas a escuchar unas conversaciones. Anota el tema del que trata cada una. Si te hace falta, escúchala dos veces.

[13]

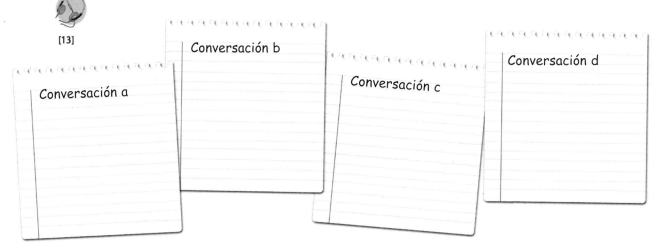

Conversación a

Conversación b

Conversación c

Conversación d

10.2. Vuelve a escuchar las conversaciones e identifica cuándo se expresa impersonalidad o se refiere a alguien sin importar su identidad, y cuándo se refieren a un grupo determinado.

	Impersonalidad No importa la identidad	Referencia a un grupo determinado
Conversación a		
Conversación b		
Conversación c		
Conversación d		

En resumen

Unidad 4

Después de trabajar esta unidad, reflexiona sobre lo que has aprendido y cómo lo has hecho.

1. Vocabulario

Para entender el significado de una palabra, ¿qué pasos sigues?:

☐ Busco en el diccionario bilingüe.

☐ Busco en un diccionario de español.

☐ Intento apoyarme en lo que se estaba diciendo o en el texto para deducirlo, es decir, intento entender una palabra nueva por el contexto.

☐ Hago una hipótesis sobre su significado y le pregunto a mi profesor para estar seguro.

☐

¿Crees que hace falta saber el significado preciso de una palabra para entender una conversación o un texto?

Consejos prácticos

Piensa cuál es el momento del día en que tienes más tiempo y proponte dedicarle 10 minutos a repasar el vocabulario que quieres aprender de esta unidad.

2. Actividades de producción escrita

¿Te cuesta mucho escribir en español? Piensa en los pasos que das habitualmente para escribir un texto en tu lengua materna. ¿Haces lo mismo para escribirlo en español? Después de pensarlo, señala los pasos que sigues o escríbelos:

☐ Ordenar las ideas que quieres transmitir.

☐ Hacer un borrador con las ideas principales de cada párrafo.

☐ Dárselo a corregir a un compañero.

☐ Consultar un diccionario para repasar el significado o la ortografía de palabras dudosas.

☐ Consultar una gramática.

☐ Buscar textos semejantes para fijarte en el estilo y en el vocabulario que usan.

☐

Consejos prácticos

Antes de dar un texto por definitivo, vuélvelo a leer repasando sólo el contenido. Léelo una segunda vez para fijarte en el estilo y la puntuación.

3. ¿Qué recuerdo de las páginas de *Hispanoamérica*?

	Verdadero	Falso	¡Ni idea! Debo revisar
Argentina y Venezuela son los países con menos tasa de desempleo.			
Los cuatro restaurantes sobre los que se ofrece información abren hasta las 12 de la noche.			
Jorge Solari no teme una invasión de mano de obra argentina.			
En Chile, el seguro de desempleo se financia entre el trabajador, el empresario y el Estado.			

4.

En esta unidad aprendo a...

	Asimilado 100%	80%	Debo revisar
Hablar sobre lo que dice un texto o ha dicho otra persona.			
Expresar impersonalidad.			
Pedir disculpas.			
Dar la enhorabuena.			
Expresar agradecimiento.			
Escribir invitaciones.			

5. ¿Cómo crees que aprendes mejor español?

☐ Si repaso la sesión de clase tranquilamente en casa.

☐ Si busco más información relacionada con el tema en Internet, revistas, etc.   .

☐ Si el profesor nos da deberes para casa porque así puedo repasar.

☐ Si al día siguiente de la clase el profesor nos hace preguntas para comprobar que lo hemos trabajado y aprendido.

☐ ....

☐ ....

No olvides comentar con tus compañeros estos temas. Sus trucos para aprender mejor español te pueden ayudar a ti también. Seguro que los tuyos también les ayudan a ellos.

6.

Selecciona del *Apéndice WWW* las direcciones que tienen relación con el tema de cultura empresarial. Lo más importante es que puedas seleccionar dos artículos de cada dirección que comprendas según tu nivel de lengua.

	Títulos de los artículos
http://	
http://	
http://	

Unidad 5

IMAGEN DE MARCA Y SECTORES ECONÓMICOS

1. **1.1. El intruso**

En las siguientes series de palabras o frases hay una que no corresponde a la función mencionada; táchala de la línea.

Expresar seguridad sobre lo que se dice	A decir verdad, (...)	Estoy convencido de que...	No me cabe la menor duda de que...
Remitir a una información	Como verán...	Según...	Si tú lo dices...
Introducir excepciones	Menos...	Excepto...	Por lo menos...
Expresar necesidad	A mi juicio...	Lo más importante es...	Es conveniente...
Expresar dudas	Tengo algunas reservas.	No lo veo tan claro.	No es para tanto.

1.2. Las frases que tú has tachado expresan diferentes funciones, ¿sabes cuáles son? Aquí tienes una lista. Coloca cada frase "intrusa" al lado de su función.

1. **Espresar alivio**:

2. **Exponer las razones de algo**:

3. **Dar la opinión**:

4. **Quitarle importancia a algo**:

5. **Expresar desconfianza**:

2. Elige el adjetivo o pronombre indefinido correcto en cada frase.

Inditex, el único que aguanta

¿Recuerdas que ya hablamos de esta empresa en el *Libro de ejercicios* 1?

El sector textil está atravesando momentos difíciles. Los últimos resultados presentados por *(1) (varias/ mismas/ todas)* .... compañías de este ramo no auguran buenos tiempos. Es un momento de *(2) (cada/ cualquier/ cierta)* .... ralentización del consumo tanto en España como en el resto de los países europeos.

Pero, mientras *(3) (todas/ algunas/ mismas)* ....empresas parecen naufragar, *(4) (diferentes/ otras/ cada)*........................... son envidiadas por sus buenos resultados. Es el caso de Inditex, el imperio textil levantado por Amancio Ortega; *(5) (algo/ nadie/ alguien)* .... puede con él.

Inditex presentó unos resultados que volvieron a superar *(6) (diferentes/ varias/ todas)* .... las previsiones del mercado.

En los nueve primeros meses de su año fiscal, el grupo tuvo un beneficio neto de 274,1 millones de euros, un 31% más respecto al obtenido en el *(7) (cada/ cualquier/ mismo)* .... periodo del año anterior.

A este crecimiento contribuyó el mayor número de establecimientos, con 199 aperturas en lo que va de año. En total, a lo largo de 2002 se han invertido unos 400 millones de euros, a los que se deben añadir *(8) (otros/ diversos/ todos)* .... 150 millones más durante el último trimestre. Una gran parte de ese dinero se destinará a reforzar el plan de aperturas en Europa. Y es que Inditex, presente ya en 40 países de *(9) (igual/ todo/ cualquier)* ....el mundo, obtiene la mitad de sus ventas fuera de España.

De momento, *(10) (mucha/ ninguna/ misma)* ....empresa textil logra superarla.

Texto adaptado de *Nuevo Trabajo*

3. Construye una frase que englobe a las dos primeras, de forma que estén unidas con *que, de la que, por la que.*

Ejemplo:
  a) ONO ha despedido a 140 empleados.
  b) ONO está inmersa en un plan de regulación.
  ➡ ***ONO, que está inmersa en un plan de regulación, ha despedido a 140 empleados.***

1. a) La industria del tabaco tiene ante sí un gran reto.
  b) De la industria del tabaco dependen 140 000 empleos.
  ➡ ....

2. a) El sector bancario cerró el último año con grandes problemas.
  b) El sector bancario prevé introducir unos cambios para activar el panorama actual.
  ➡ ....

3. a) La feria FITUR pone de manifiesto la necesidad de ampliar esfuerzos para aumentar la calidad.
  b) Por la feria pasan cada año más de dos millones de visitantes.
  ➡ ....

4. a) El sector inmobiliario y de la construcción está movido.
  b) Este sector es observado con atención por otros países europeos.
  ➡ ....

5. a) Las tiendas Intermón Oxfam han vendido, esta Navidad, más de un millón de euros en productos de comercio justo.
  b) Las tiendas Intermón Oxfam han aumentado su facturación un 25%.
  ➡ ....

4.

4.1. ¿Qué diferencia hay entre un directivo de éxito y otro que fracasa?

Síntomas de que algo va mal o bien

sobrevalorar los puntos fuertes

carecer de empatía

tener una visión localista

saber compartir los logros

reconocer los méritos de los subordinados

tener capacidad de comunicación

carecer de improvisación

tener gran capacidad para enfrentarse a situaciones difíciles

4.2. Escribe en la columna y línea adecuada las frases que acabas de leer. Puede haber más de una posibilidad.

Ejemplo: *Lo elemental es saber compartir los logros.*

	Síntomas negativos	Síntomas positivos
1. Lo elemental es...		saber compartir los logros
2. Lo difícil es...		
3. Lo desastroso es...		
4. Lo inaceptable es...		
5. Lo verdaderamente terrible es...		
6. Lo más importante es...		
7. Lo relevante es...		
8. Lo realmente básico es...		

5.

Completa el texto con las palabras del recuadro.

que • con el que • el que • que • en el que • que • de los que • el que • de que

El comportamiento de muchos sectores no se corresponde *(1)*............................ deberían mostrar ante un ciclo bajista como *(2)* .... vivimos actualmente.

Un dato sorprendente es *(3)*........................... vemos en el sector de la construcción *(4)*........................... se ha convertido *(5)*........................... ofrece mayores ofertas de empleo cualificado.

En el lado opuesto, se sitúan otros sectores *(6)*..................... habían crecido de forma significativa en los últimos años y *(7)* .... los estudios realizados nos informan *(8)*.................... su crecimiento parece haberse frenado.

El sector de la consultoría y los servicios profesionales se ha redimensionado estructuralmente y tardará mucho en alcanzar los niveles de dinamismo *(9)*..................... había logrado anteriormente.

6. PUZZLE
¿Qué cinco sectores se pueden leer?

Ejemplo: BAN-CA

7. Busca, en el cuadro, la definición de las palabras en negrita.

El Príncipe Felipe entregó ayer a Unión Fenosa el premio Codespa a la Empresa Solidaria

El presidente de Unión Fenosa, Antonio Basagoiti, recogió el **galardón** que entrega la Fundación Codespa. Este premio es el reconocimiento a la **labor** solidaria que el grupo eléctrico realiza a través de distintas iniciativas y colaboraciones con ONG. Entre estas iniciativas destaca el Día **Solidario**.

El presidente de Unión Fenosa agradeció el premio y la mención del jurado a su predecesor en el **cargo**, Victoriano Reinoso, impulsor del Día Solidario y que en las dos ediciones anteriores recogió el diploma como finalista.

El Príncipe Felipe, presidente de Honor de la Fundación Codespa, señaló, por su parte, que "miles de personas aguardan de todos nosotros, empresarios y ciudadanos, una respuesta eficaz para reducir los efectos más negativos de la actual situación, y procurar que no vuelvan a producirse" y que "la acción social de las empresas no puede plantearse hoy día como una atención discontinua. Por suerte, se planifica cada vez más como una **estrategia** a medio y largo plazo, que se apoya y da un nuevo sentido a sus actividades económicas tradicionales".

Fl Príncipe felicitó a Fenosa y afirmó que "es un ejemplo de empresa **pionera**" en acción social, al tiempo que quiso recordar a Victoriano Reinoso, "que con su buen hacer contagió su entusiasmo a muchos empresarios que han decidido abrir un espacio solidario en la gestión de sus **compañías**".

Expansión y Empleo

1. Obra o trabajo.

2. Persona, empresa, organismo, etc. que da los primeros pasos en alguna actividad humana.

3. Sociedad o junta de varias personas unidas para un mismo fin, frecuentemente mercantil.

4. Adherido o asociado a la causa, empresa u opinión de alguien.

5. Recompensa de los méritos o servicios.

6. Plan, programa o planificación.

7. Puesto, empleo u oficio.

galardón	labor	solidario	cargo	estrategia	pionera	compañía

8.

[14]

8.1. Vas a escuchar una entrevista a Luis Lada, presidente de Telefónica Móviles. Toma nota de las principales ideas. Si crees que te falta alguna idea importante, vuelve a escuchar la entrevista.

8.2. Vuelve a escuchar la entrevista y completa el texto con las palabras que faltan.
A continuación, repasa tus notas en 8.1. y complétalas, si es necesario.

Luis Lada, presidente de Telefónica Móviles
Mejor Gestor de Empresas Industriales y de Servicios

En siete años, Lada ha convertido Telefónica Móviles en una de las empresas mejor valoradas del sector. Pero quiere más.
Seleccionado mejor gestor de una empresa industrial de 2001, Luis Lada (asturiano, nacido en 1949) ha desarrollado prácticamente toda su carrera en Telefónica. Se incorporó en 1973 y, tras un breve paréntesis en Amper, se encargó de la división de comunicaciones móviles en 1994.

▶ **Entrevistadora:** ¿Cómo puede conjugar crecimiento y rentabilidad en un sector tan saturado?

▷ **Luisa Lada:** Yo no diría tanto como que está saturado. Es cierto que tiene niveles de *(1)*............................ del 70%, pero superará unas tasas de penetración del 100%, porque en el futuro no sólo conectaremos a las personas, sino también a las máquinas. Las *(2)*................................., que antes eran sólo de voz, en el futuro serán de datos y, posteriormente, permitirán la interrelación de máquina a máquina.

▶ **Entrevistadora:** Ha gestionado Telefónica Móviles en un periodo de bonanza, pero ahora se abre un periodo incierto. ¿Cómo afecta a su modelo?

▷ **Luisa Lada:** Lógicamente, la gestión debe *(3)*............................... a la situación macroeconómica, pero aparte de esto, hay determinadas estrategias que deben adoptarse en función de las fases del negocio. En España, la mayoría de la población ya tiene móvil y, por tanto, sea cual sea el *(4)*.............................. macroeconómico, ahora hay que centrarse en lograr que los clientes utilicen más el móvil, en lugar de buscar nuevos usuarios.

▶ **Entrevistadora:** ¿Y en Hispanoamérica?

▷ **Luisa Lada:** La tasa de penetración es diferente a la que hay en Europa. En Hispanoamérica, lo que tenemos que hacer es crecer en *(5)*............................ Pero hay que tener en cuenta que este crecimiento tiene mucho que ver con la situación macroeconómica. Por este motivo, actualmente no espero tener *(6)*............................ tan espectaculares como los que hubo en el pasado, aunque previsiblemente los volveremos a ver en el futuro.

▶ **Entrevistadora:** España e Hispanoamérica viven situaciones distintas. ¿Cómo marcan los objetivos a los directivos?

▷ **Luisa Lada:** Hacemos la comparación entre comparables. Cada país tiene una situación diferente y debemos ser flexibles. Pero también debemos transmitir nuestras experiencias. Es decir, que cada *(7)*..................................... no intente inventar las ruedas. Si una filial ya ha pasado por una determinada circunstancia, debemos extraer las lecciones y transmitirlas a otras *(8)*............................., porque nos permite adelantarnos al mercado. Salvada esta parte, la gestión debe ser autónoma para adaptarse al cliente.

Texto adaptado de "Somos los más eficientes de Europa", *Actualidad Económica*

9.

[15]

9.1. **Vas a escuchar una entrevista a Josep Mateu, directivo del Real Automóvil Club de Cataluña (RACC). Fíjate en las preguntas y ordénalas según aparecen en la entrevista.**

○ Alusión al crecimiento medio anual y a la ausencia de ánimo de lucro.

○ ¿Cómo encontrar el equilibrio en la eficacia empresarial?

○ ¿Cuál es el secreto de su éxito?

○ Pregunta sobre el crecimiento y expansión en España.

○ ¿El RACC es una empresa de servicios?

9.2. **En la siguiente audición de la misma entrevista existen algunas interferencias y no se entienden bien las últimas palabras de las respuestas. ¿Puedes ayudarnos a completarlas?**

La Asociación Española de la Dirección (AED) ha distinguido a Josep Mateu con el galardón del directivo del año, entre otras cosas, por haber hecho del RACC (Real Automóvil Club de Cataluña) el primer club de España y la matriz de quince empresas que prestan servicios a cerca de un millón de socios.

▶ **Entrevistadora:** ¿El RACC es una empresa de servicios?
▷ **Josep Mateu:** Es algo un poco más especial. En lugar de ser una empresa que ha creado un club de fidelización, somos un club que *(1)*...............................
....

▶ **Entrevistadora:** El concepto de club se asocia al de ausencia del ánimo de lucro, pero las empresas deben ser rentables. ¿Cómo encontrar el equilibrio en la eficacia empresarial?
▷ **Josep Mateu:** Precisamente, no tener ánimo de lucro obliga a tener una cuenta de explotación mejor llevada, porque aquí no hay accionistas ni ampliaciones de capital: todo se genera con *(2)*..
....

▶ **Entrevistadora:** ¿Cuál es el secreto de su éxito?
▷ **Josep Mateu:** El gran secreto del crecimiento del RACC se ha basado en cuatro pilares: cuidar la imagen, innovar en productos y servicios, mantener altos niveles de calidad y *(3)*..

▶ **Entrevistadora:** En los últimos cinco años han mantenido un crecimiento medio anual del 25%. ¡Menos mal que no tienen ánimo de lucro!
▷ **Josep Mateu:** El 25% de crecimiento anual es el promedio de los últimos cinco años, pero *(4)*...

▶ **Entrevistadora:** Tienen previsto estar presentes en todas las capitales de provincia de España e incrementar las franquicias. ¿No dan la impresión de poner freno?
▷ **Josep Mateu:** Este año vamos a crecer un 24% en facturación, frente al 32% del año pasado. También crecemos en cada sector: en número de socios, pólizas de seguros, viajes, autoescuelas, en todo experimentamos incrementos. El año pasado incorporamos a la plantilla 150 personas, una cifra similar a la del ejercicio anterior, fundamentalmente para atender al público en la red comercial; este año el refuerzo de la plantilla se centra en dotación de infraestructuras de servicio, para *(5)*.................
....

Adaptado de *Nuevo Trabajo*

En resumen

Unidad 5

Después de trabajar esta unidad, reflexiona sobre lo que has aprendido y cómo lo has hecho.

1. Vocabulario

Completa los siguientes gráficos con el nombre de un sector industrial en el centro y las palabras con los que los relacionas alrededor.

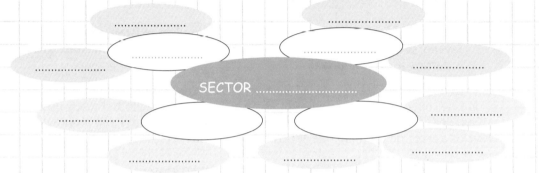

Consejos prácticos

Para recordar el vocabulario te recomendamos elaborar tu propio fichero: en cada ficha escribe una palabra en MAYÚSCULA y tres palabras que asocies a ella en minúscula.

2. Si pienso en las lecturas de esta unidad:

☐ Las he leído en voz alta para fijarme en la entonación y mejorarla.

☐ Me han ayudado a recordar la gramática que he aprendido.

☐ He aprendido vocabulario nuevo.

☐ He obtenido información sobre los sectores de la economía española.

☐ Sólo he tenido que leerlas una vez para comprender el sentido general.

☐ He necesitado leerlas más de una vez para comprender el sentido general.

En las próximas lecturas:

☐ Comentaré las dudas con el profesor.

☐ Para cada lectura realizaré una tabla con dos columnas, una para las palabras nuevas y la otra para hacer un dibujo que me ayude a recordar esa palabra nueva.

3. En las páginas de *Hispanoamérica* del *Libro del alumno* **has trabajado las peculiaridades del vocabulario del español en Chile.**
¿Cuántas palabras recuerdo?..
....

¿Cuántas correspondencias con el español de España recuerdo?

Palabras del español en Chile	Correspondencia al español de España

A la vista del vocabulario que recuerdo, ¿debo revisar las páginas de *Hispanoamérica* **de la unidad 5 del** *Libro del alumno***?**

4. Después de estudiar la unidad 5:

	SÍ	NO
1. Puedo expresar seguridad sobre lo que digo.	☐	☐
2. Puedo expresar mis dudas ante una opinión presentada.	☐	☐
3. Puedo introducir un tema nuevo en mi presentación oral o escrita.	☐	☐
4. Puedo dar mi opinión expresando además la conveniencia de hacer algo.	☐	☐
5. Puedo hacer referencia a una información anterior.	☐	☐

5. En esta unidad consulto el *Apéndice gramatical* **para...**

☐ Aprender los adjetivos y pronombres indefinidos (*algún, ninguno...*)

☐ Conocer los pronombres relativos (*que...*)

☐ Comprender mejor el uso del artículo neutro *lo* + adjetivo

☐ Revisar algunas preposiciones

☐ ....

6. Sobre el *Apéndice WWW*

☐ Busco información sobre alguna de las empresas españolas que aparecen en la unidad.

☐ Consulto la página del Ministerio de economía español para saber más sobre la situación de los diferentes sectores económicos del país.

Finalmente, selecciona dos enlaces que te parezcan interesantes en cada una de las páginas que consultes, escribe junto a cada enlace por qué consideras interesante recordarlo.

http://

www.
Es interesante porque...

www.
Es interesante porque...

http://

www.
Es interesante porque...

www.
Es interesante porque...

http://

www.
Es interesante porque...

www.
Es interesante porque...

Unidad 6

PYMES

1. Relaciona las dos columnas.

1. Referir contenidos de un texto o palabras de alguien emitidas en el pasado
2. Expresar conclusiones
3. Expresar acuerdo total o parcial con el interlocutor
4. Quitarle importancia a un asunto
5. Evitar dar la opinión
6. Expresar la pertenencia
7. Hacer sugerencias

- **a.** Me reservo la opinión.
- **b.** A mí me dijeron que más de la mitad de las pymes españolas no habían realizado nunca auditorías de sus sistemas.
- **c.** ¡Tienes razón!
- **d.** Vuestras regiones son más ricas que la nuestra.
- **e.** No estoy del todo de acuerdo con esa propuesta.
- **f.** Pues a mí no me parece mal del todo.
- **g.** Así que…
- **h.** Prefiero no opinar.
- **i.** Pues yo, en esta situación, organizaría una reunión con todos los empleados y explicaría que…

2. Completa el siguiente entrecruzado con el nombre que corresponde a cada verbo. Luego lee la palabra de la columna del centro, es la palabra que corresponde a la letra E de las siglas PYME (Pequeña y Mediana ....).

1. El .... es una palabra de la misma familia que el verbo *crecer*
2. La .... es una palabra de la misma familia que el verbo *competir*.
3. .... es una palabra de la misma familia que el verbo *emprender*.
4. La .... es una palabra de la misma familia que el verbo *promocionar*.
5. La .... es una palabra de la misma familia que el verbo *superar*.
6. La .... es una palabra de la misma familia que el verbo *subvencionar*.
7. La .... es una palabra de la misma familia que el verbo *planificar*.

3. Completa los siguientes diálogos con el pronombre posesivo adecuado.

Diálogo 1

► En mi empresa, el propietario ya está pensando en la sucesión, ahora es su primera preocupación.

▷ En *(1).................. ....*, la prioridad ahora es encontrar capital para financiar la exportación.

Dialogo 2

► En vuestra empresa, ¿quién ocupa el puesto de Director general?

▷ En *(2)...................... ....* ahora mismo mi abuelo, pero es un hombre muy mayor, nosotros estamos buscando un Director general que no sea de la familia. ¿Y en *(3)................... ....* como lo tenéis?

► Mi padre y mi tío comparten la dirección general.

Diálogo 3

► ¿Qué piensas sobre las nuevas tecnologías y las pymes?

▷ Mi opinión es que necesitamos incorporar la nueva tecnología a las pymes rápidamente. ¿Y *(4)................. ....*? ¿Cuál es tu opinión?

► *(5)* ¿ *.......... ....*?, soy un poco pesimista, ¡esto es un sueño casi irrealizable!

4.

4.1. ¿Quién dijo qué?
A continuación tienes 5 afirmaciones relacionadas con el mundo de las pymes y cinco de sus emisores. Relaciónalos.

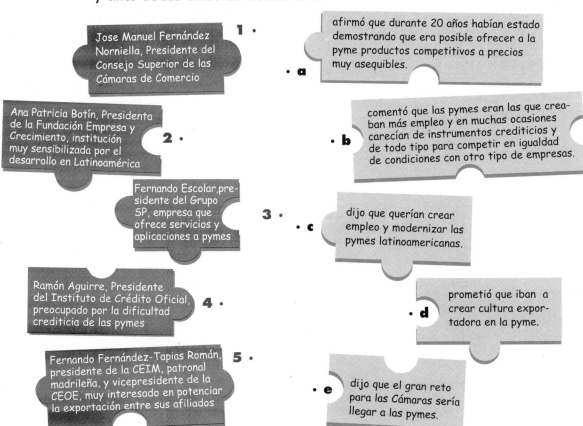

Jose Manuel Fernández Norniella, Presidente del Consejo Superior de las Cámaras de Comercio **1**

a afirmó que durante 20 años habían estado demostrando que era posible ofrecer a la pyme productos competitivos a precios muy asequibles.

Ana Patricia Botín, Presidenta de la Fundación Empresa y Crecimiento, institución muy sensibilizada por el desarrollo en Latinoamérica **2**

b comentó que las pymes eran las que creaban más empleo y en muchas ocasiones carecían de instrumentos crediticios y de todo tipo para competir en igualdad de condiciones con otro tipo de empresas.

Fernando Escolar, presidente del Grupo SP, empresa que ofrece servicios y aplicaciones a pymes **3**

c dijo que querían crear empleo y modernizar las pymes latinoamericanas.

Ramón Aguirre, Presidente del Instituto de Crédito Oficial, preocupado por la dificultad crediticia de las pymes **4**

d prometió que iban a crear cultura exportadora en la pyme.

Fernando Fernández-Tapias Román, presidente de la CEIM, patronal madrileña, y vicepresidente de la CEOE, muy interesado en potenciar la exportación entre sus afiliados **5**

e dijo que el gran reto para las Cámaras sería llegar a las pymes.

Unidad 6

4.2. Completa la siguiente tabla con los verbos del ejercicio anterior.

Verbo del estilo indirecto (tiempo y persona)	Verbo del estilo directo (tiempo y persona)
Ejemplo: 1. *Sería*-condicional simple-*él*	*Será*-futuro-*él/ ella/ usted*
2.	
3.	
4.	
5.	

Información extraída de:
http://www.aegama.com/p/e/entrevista_FF.html,
http://www.pcpro-es.com/entrevistas/22%20FS/fs.html,
http://www.sp.com

5. Lee los conceptos relacionados con las empresas familiares. Completa con la palabra adecuada.

> Tener • generacional • largo • puestos • emprendedores
> • Superar • Ambiente • liquidez

Retos de las empresas familiares

- Encontrar capital para crecer sin diluir el control familiar.
- Resolver los conflictos entre las necesidades de *(1)*............................. de la familia y el negocio.
- Planificar para resolver los problemas financieros del cambio *(2)*.............................
- Vencer la resistencia de los *seniors* a dejar sus *(3)*............................. en el momento oportuno.
- Procurar que el sucesor familiar sea competente.
- *(4)*.................... las rivalidades entre hermanos en la no aceptación del sucesor.
- *(5)*........................ la capacidad para atraer y retener a directivos *seniors* no familiares.

Factores de éxito

- Calidad de productos / servicios.
- Flexibilidad.
- Planificación a *(6)*..................... plazo.
- *(7)*................. empresarial familiar.
- Ser innovadores y *(8)*...........................

6. Aquí tienes un interesante artículo completamente desorganizado. Intenta ordenar los párrafos y reconstrúyelo con coherencia.

Párrafo 1	Párrafo 2	Párrafo 3	Párrafo 4	Párrafo 5	Párrafo 6	Párrafo 7
A						

IBM insiste en que las pymes deben aumentar su inversión en tecnología.

Las pymes deben aumentar su inversión en tecnología y mejorar la planificación de los medios informáticos para usarlos como una herramienta competitiva, según el vicepresidente de la división de servicios financieros de IBM para Europa, Juan Pi Llorens.

 Para el responsable de IBM, las pymes han usado la informática como una herramienta administrativa, lo cual ha ocasionado una pérdida de competitividad.

Además, las pequeñas y medianas empresas españolas por su escasa inversión en tecnología, están por detrás de los competidores europeos, añadió.

 Por ello, ha afirmado que IBM dirigirá el cambio que hace falta en las pymes, y así entrarán de lleno en las aplicaciones informáticas como forma de aumentar su competitividad.

subrayó que se trataba de la primera crisis importante de crecimiento de este sector desde que existe.

 Por otro lado, Juan Pi Llorens pronostica que la crisis del sector informático empieza a tocar fondo y se recuperará a finales de este año o al comienzo del año próximo y

 Por lo que se mostró convencido de las buenas perspectivas que tiene el sector informático y de su potencial de crecimiento y subrayó las múltiples aplicaciones y utilidades de la informática.

Adaptado de la revista *Ganar.com*

7.

7.1. Escucha los siguientes diálogos. Señala en la casilla correspondiente si los inter-locutores expresan acuerdo total, acuerdo parcial, evitan dar la opinión o le quitan importancia.

[16]

	Expresa acuerdo total	Expresa acuerdo parcial	Evita dar la opinión	Le quita importancia
Diálogo 1				
Diálogo 2				
Diálogo 3				
Diálogo 4				
Diálogo 5				

7.2. ¿Qué expresiones se han usado en cada caso? Escríbelas.

Expresiones
Diálogo 1
Diálogo 2
Diálogo 3
Diálogo 4
Diálogo 5

8.

Escucha la presentación de Ignasi Vendrell, socio director de *Best Relations*. Completa los siguientes cuadros.

[17]

El proyecto que propone Ignasi Vendrell es una revolución para las pymes, ¿por qué motivo?

Su propuesta se basa en ofrecer al principio:

De forma gratuita ofre-cen a todos sus clientes un boletín mensual con estos contenidos:

9.

¿Recuerdas la actividad "Diferencias culturales" de la unidad 6 del *Libro del alumno*? Escucha la audición sobre las pymes y decide si son verdaderas o falsas las siguientes afirmaciones.

[18]

	V	F
a. El número estimado de empresas multinacionales en España es de un millón y medio.	☐	☐
b. El 20% de las 1000 empresas más grandes son familiares.	☐	☐
c. El 65% de las compañías españolas son familiares.	☐	☐
d. Suponen el 80% del empleo público.	☐	☐
e. Emplean a más de 8 millones de personas.	☐	☐
f. Realizan el 70% de las exportaciones.	☐	☐

10.

10.1. Escucha las siguientes noticias de ayer. Escribe los verbos de cada noticia.

[19]

Noticia	Verbos
Ejemplo: 1	invierten

10.2. Ahora, completa las siguientes frases haciendo la transformaciones necesarias según las reglas del estilo indirecto.

1. Ayer dijeron que las pymes españolas (1) *invertían más de 600 millones de euros al año en el acceso a Internet...*

2. En la noticias de ayer oí que las pymes británicas *(2)*.....................este año 50 000 millones de euros por las averías en sus sistemas informáticos.

3. En las noticias de anoche anunciaron que *(3)* .... un nuevo portal diseñado para pymes.

4. Dijeron que esta semana la Confederación de Cámaras de Comercio *(4)*........................ con Starmedia una colaboración estratégica para impulsar servicios de Internet.

5. El año pasado, según un informe de la Cámara de Comercio, las pymes comerciales *(5)* .... las menos adaptadas a la sociedad de la información, ya que sólo el 22,7% *(6)*................ de su propia página *web* y el 84% *(7)*......................... ordenador.

6. Dijeron que gracias al Programa de Promoción de la Sociedad de la Información (Prince XXI), que *(8)*.. el Ministerio de Ciencia y Tecnología y las Cámaras de Comercio, 5000 pymes *(9)*........................ en la Red y *(10)*..................... al comercio electrónico.

En resumen
Unidad 6

Después de trabajar esta unidad, reflexiona sobre lo que has aprendido y cómo lo has hecho.

1. Vocabulario
Selecciona 10 palabras de la unidad con los siguientes criterios:

Las 5 primeras palabras de la unidad que recuerdo ahora.
1.
2.
3.
4.
5.

Las 5 palabras que relaciono con el término pyme.
1.
2.
3.
4.
5.

¿Eres una persona "visual" o "auditiva"?

Para recordar el vocabulario me resulta muy útil:

☐ Ver las palabras escritas y por esta razón elaboro mi fichero de palabras nuevas, hago mis listas de vocabulario, escribo frases donde aparecen esas palabras nuevas...

☐ Escuchar las palabras y por esta razón escucho varias veces las audiciones de las unidades, repito varias veces en voz alta las palabras nuevas, grabo en una cinta el vocabulario nuevo y lo escucho repetidamente...

☐ Nunca había reflexionado sobre esto, a partir de ahora...

2. En los ejercicios de conversación de esta unidad:

☐ He conseguido expresarme fluidamente sobre mi empresa, sus actividades y mi función dentro de la empresa.

☐ He tenido dificultades para definir mi empresa.

☐ He detectado mis errores y *autocorregido*.

☐ He detectado los errores de mis compañeros y los he comentado con ellos.

☐ ¡Ya no he tenido la sensación de que mis compañeros hablaban muy deprisa!

☐ Creo que la pronunciación es mi principal problema.

☐ Las actividades de conversación en grupo son muy enriquecedoras.

Consejos prácticos
Te sugerimos que elabores una tabla como la siguiente y la completes con tus errores orales después de cada sesión.

Error en mi corversación	Corrección	¿Cómo puedo mejorarlo?
Ejemplo: *Mi reservo la opinión.	Me reservo la opinión.	Tengo que revisar los pronombres.

3. En las páginas de *Hispanoamérica*, nuestra protagonista, María Delia, escucha un archivo de sonido con información sobre una empresa venezolana de turismo.
De las expresiones y vocabulario propios de Venezuela usadas en este archivo, recuerdo...

No sabía que las pymes venezolanas:..,...........
.... y ....

4.
En esta unidad aprendo a...

	Asimilado 100%	80%	Debo revisar
Hacer sugerencias.			
Reflexionar y mejorar mi entonación.			
Reconocer los diptongos y acentuarlos.			
Reproducir lo que se ha dicho o escrito en el pasado.			
Quitarle importancia a un tema.			
Escribir una carta de reclamación.			

5. **¿Qué has buscado en el** *Apéndice gramatical* **para esta unidad?**
....
....
....
....

Además:

☐ Me gustaría hacer más ejercicios de deberes de pronombres posesivos. ¡Se los pediré al profesor!

☐ Me gustaría hacer más practica oral en la clase, con mis compañeros, del estilo indirecto. ¡Se lo sugeriré al profesor!

6. **Selecciona del** *Apéndice WWW* **las direcciones que tienen relación con el tema de las pymes.**
Después de navegar por ellas, he aprendido que:

http://	
http://	
http://	

Unidad 7

LA BANCA Y LA BOLSA

1. **Recuerda el apartado** *En esta unidad aprendes a...* **de la unidad 7 del** *Libro del alumno*.

1.1. En las cuatro frases de cada apartado hay tres que expresan lo que se indica y una que muestra lo contrario. ¿Cuáles son?

a. Expresar satisfacción

☐ 1. ¡Fantástico!
☐ 2. Me satisface mucho que...
☐ 3. Me molesta que...
☐ 4. Me encanta que...

b. Expresar sorpresa

☐ 1. Me parece raro que...
☐ 2. No me lo puedo creer.
☐ 3. ¿Cómo es posible que...?
☐ 4. Me da lo mismo.

c. Expresar pena

☐ 1. ¡Cómo lo siento!
☐ 2. Me siento muy contento de que...
☐ 3. Siento mucho que...
☐ 4. Es una lástima que...

1.2. Escribe las frases que no correspondan a la función indicada y, al lado, indica lo que expresan.

a.		**Expresa**
b.		**Expresa**
c.		**Expresa**

2. **Completa el siguiente entrecruzado. Todos los verbos están en presente de subjuntivo.**

1V 3.ª persona del plural del verbo *venir*
2V 2.ª persona del plural del verbo *salir*
3V 3.ª persona del plural del verbo *andar*

1H 1.ª y 3.ª persona del singular del verbo *ser*
2H 3.ª persona del plural del verbo *tener*
3H 3.ª persona del plural del verbo *dar*

3. Los siguientes diálogos están incompletos. Finaliza la frase de la persona que reacciona ante lo que dice su compañero. Utiliza el presente de subjuntivo. Si puedes, justifica la respuesta *(porque...)*.

Ejemplo:

▶ Se va a suspender la junta de accionistas del Banco Santander Central Hispano.

▷ No creo que se vaya a suspender, porque... / No creo que se suspenda, porque...

1. ▶ El Banco Pastor quiere duplicar su tamaño en tres años.

▷ Es lógico que .... , porque...

2. ▶ Cristian Noyer espera ser el nuevo candidato a la presidencia del BCE.

▷ Me parece raro que ...., porque...

3. ▶ La Bolsa española presenta hasta ahora, y con bastante diferencia, el mejor balance de las bolsas de Occidente.

▷ Es interesante que .... , porque...

4.

▶ El Banco de Inglaterra rebaja el precio del dinero.

▷ No es probable que ...., porque...

5. ▶ El riesgo de las inversiones en Bolsa es un factor decisivo a la hora de operar en el mercado.

▷ Puede ser que ...., porque...

4. Las letras perdidas

Completa las palabras de la columna de la derecha con las letras necesarias que tienes que sacar de la misma línea correspondiente de la izquierda.

Letras	Palabra relacionada con el tema bancario
Ejemplo: ̶A̶ E ̶O̶ ̶I̶ B P ̶T̶ R S	Ejemplo: T A L O N A R I O
A E I O C D F P R	1. _ X T _ A C T _
A E O U F G M R S	2. P _ É _ T A _ O
A E I O B C D F T	3. _ R _ D I _ O
A E I O C L M N T	4. C A _ C _ L A C _ Ó N
A E O B H N R S V	5. I N T _ _ É _
E I O U F G P Q R	6. _ E I N T _ _ R O

5.

En los cajeros de Caja Madrid
Relaciona los textos de estas dos páginas de un folleto de Caja Madrid.

CAJA MADRID

1. Pagar los recibos
es muy fácil. •

2. Poner la libreta
al día es muy cómodo. •

3. Recargar el móvil
es un instante. •

4. Aportaciones a fondos
de inversión y planes de •
pensiones, ¿por qué no?

5. Ingresar y sacar dinero. •

CAJA MADRID

• a. Para tener su dinero siempre a su disposición.

• b. Para no quedarse con las
ganas de hacer esa llamada.

• c. Para conocer, en todo momento, los movimientos de
su cuenta.

• d. Para no olvidarse de una
fecha y pagar con recargo.

• e. Para invertir en el futuro,
aquí y ahora.

6.

6.1. Lee las siguientes definiciones en voz alta dos veces.
La primera vez, fíjate en las sílabas marcadas; en estas sílabas recae la fuerza
de la pronunciación.
Las sílabas <u>subrayadas</u> y escritas en rojo son palabras esdrújulas.
Las sílabas señaladas en rosa son llanas.
Las sílabas señaladas en gris son agudas.

La segunda vez decide si debes escribir la tilde o, si por el contrario, no debes
hacerlo.

1. El IBEX 35 es el indice bursatil que agrupa a las 35 empresas más activas de la
Bolsa española.

2. Un FONDO DE INVERSION es un instrumento de inversion colectiva, es decir,
integra el ahorro de muchos pequeños inversores.

3. ACCION: la propiedad de las empresas esta dividida en acciones, las cuales representan la parte proporcional de propiedad de la empresa.

4. La BOLSA es un mercado donde se compran y venden titulos-valores de renta
variable y renta fija. Esta sometido a una legislacion y procedimientos especificos.

5. Comision Nacional del Mercado de Valores (CNMV) es la entidad que reglamenta, supervisa, controla y, en su caso, sanciona la actividad de los que participan en
el mercado.

**6.2. Ahora, escucha cómo lee las definiciones un español; tú léelas al mismo tiem-
po y fíjate en la entonación, pronunciación y velocidad.**

[20]

7.

Cuestionario Proust de la Bolsa
Formula las preguntas que correspondan a las respuestas dadas.

Ejemplo:
dinero/ mover/ la Bolsa española
► *¿Cuánto dinero mueve la Bolsa española?*
▷ Algo más de cuatro millones, directamente o a través de fondos de inversión.

1. ser/ la Bolsa/ más /excitante
► ....
▷ El Nasdaq americano.

2. países/ invertir/ más
► ....
▷ Los anglosajones.

3. ser/ valor/ seguro/ mercado español
► ....
▷ El Banco Popular.

4. usted/ conocer/ algunas personas/ arruinadas/ la Bolsa
► ....
▷ No, sólo a algunas que han perdido parte de su patrimonio.

5. mejor/ inversión/ su vida
► ....
▷ Crear una empresa.

6. desconocer/ los españoles/ la Bolsa
► ....
▷ Casi todo.

7. ser/ inversión/ segura/ rentable
► ....
▷ Estos dos conceptos son incompatibles.

8. invertir/ los españoles/ dinero
► ....
▷ En vivienda, vivienda y vivienda.

8.

Créditos sin necesidad de aval para los emprendedores
Completa el texto con las palabras del siguiente recuadro.

> **crédito • acuerdo • patrimonio • fondos • aval • plan de negocio •**
> **microcréditos • autónomos • financiación**

Una buena idea siempre necesitará de *(1)*.. y éste es precisamente el problema al que se enfrentan miles de emprendedores a la hora de poner en marcha su negocio. Las Cámaras de Comercio y el Santander Central Hispano han llegado a un *(2)*

.... para ayudar a los emprendedores a sacar adelante sus proyectos mediante la concesión de microcréditos sin necesidad de *(3)*..

La formación y el asesoramiento individualizado son imprescindibles para poner en marcha un negocio, pero sin dinero es prácticamente imposible llegar a crear una empresa. Si la idea que se quiere desarrollar es viable, el siguiente paso es acceder a un *(4)*................. .... Pero, si no se cuenta con avales, la cuestión es ya más complicada.

La Fundación Incyde respaldará ante Santander Central Hispano la viabilidad de cada proyecto empresarial, prestando especial atención al *(5)*..................................... y al compromiso del futuro empresario. La cantidad total del crédito podrá ascender hasta los 25 000 euros y el emprendedor sólo tendrá que aportar un 5 por ciento de la inversión necesaria para poner en marcha la empresa.

Los *(6)*.. están destinados a empresas de pequeño tamaño y a *(7)*................................ que realizan los programas de la Fundación Incyde y que no reúnen los habituales requisitos financieros de acceso a crédito: tener *(8)*................. .... inmobiliario, avales familiares o nóminas que pueden garantizar la devolución de los *(9)*.................................... que han solicitado.

Texto adaptado de *Expansión y empleo*

9. Asociación de conceptos

9.1. Relaciona las dos columnas.

1. mercado de divisas •	• **a.** mutuas, compañías de seguros...
2. reducción •	• **b.** descenso
3. caída •	• **c.** disminución
4. sector asegurador •	• **d.** cambio de moneda
5. acciones •	• **e.** valores
6. subida •	• **f.** incrementar el valor
7. beneficios •	• **g.** adquisiciones
8. revalorizarse •	• **h.** ascenso
9. compras •	• **i.** crecimiento económico
10. aceleración de la economía •	• **j.** ganancias
11. bolsas •	• **k.** mercado de valores

[21]

9.2. Concéntrate ahora en los conceptos de la columna de la izquierda. Escucha la audición.

Señala los conceptos que aparecen en la audición.

En la audición aparecen:

....
....
....
....
....
....(2 veces)
....
....

En resumen

Unidad 7

Después de trabajar esta unidad, reflexiona sobre lo que has aprendido y cómo lo has hecho.

1. Vocabulario

Una forma de consolidar el vocabulario de una lengua extranjera es escribir las definiciones de los términos nuevos usando palabras que ya se conocen.
Esta estrategia también nos ayuda a tener la posibilidad de expresarnos cuando olvidamos una palabra concreta.

¿Puedes escribir una definición de las palabras siguientes?

Ejemplo:
Hacer una transferencia: Mover una cantidad de dinero de una cuenta bancaria a otra.

a) Diversificar:

b) Comprar acciones:

Añade otros grupos de palabras que hayas aprendido en esta unidad y escribe junto a ellas tu propia definición:

a.

b.

c.

2. En las audiciones de esta unidad:

☐ Sólo necesito escucharlas una vez para poder hacer las actividades correspondientes.

☐ Necesito escucharlas varias veces para poder hacer las actividades.

☐ Mientras escucho, tomo notas.

☐ Anoto todo el vocabulario nuevo que identifico en la audición.

☐ Capto algunas palabras pero no el sentido general.

☐ Entiendo el sentido general, pero pierdo muchas palabras.

Consejo prácticos

Cuando captes el sentido general pero pierdas muchas palabras, escucha otra vez la audición en casa y fíjate en las palabras. Apunta el máximo número de términos que identifiques. Repite varias veces la operación.

3. ¿Qué recuerdo de las páginas de *Hispanoamérica*?

	Verdadero	Falso	¡Ni idea! Debo revisar
La ciudad de Caracas fue fundada en 1567 por Diego de Losada.			
Su población asciende a 4,5 millones de habitantes.			
A Simón Bolívar le llaman también "El Libertador".			
La catedral de Caracas es de estilo colonial.			

4. Después de estudiar la unidad 7:

	Adquirido	Debo revisar
a. Puedo construir los presentes regulares e irregulares de subjuntivo.	☐	☐
b. Puedo expresar satisfacción sobre lo que han hecho otros mediante el presente de subjuntivo: *me encanta que, me gusta que...*	☐	☐
c. Puedo expresar mi opinión valorando la situación presentada: *es lógico que...*	☐	☐
d. Puedo explicar cómo utiliza Internet la banca española.	☐	☐
e. Puedo hablar sobre valores de la bolsa y su situación en el mercado bursátil.	☐	☐

5. Sobre la gramática, señala tu posición.

Valoración de menos a más: 1= menos, 5= más	1	2	3	4	5
Construir las formas de los presentes de subjuntivo irregulares es fácil.	☐	☐	☐	☐	☐
Usar el presente de subjuntivo es muy difícil.	☐	☐	☐	☐	☐
Con la gramática de esta unidad avanzo en el aprendizaje de mi español.	☐	☐	☐	☐	☐
Escribir correctamente el acento de las palabras agudas que lo necesiten es difícil.	☐	☐	☐	☐	☐

6. Mi directorio de Internet personal
He consultado las direcciones de Internet que aparecían en la unidad y...

Dirección	No sabía que...
www.patagon.com	
www.ebankinter.com	

Quiero consultar las siguientes direcciones relacionadas con la banca y la bolsa españolas que aparecen en el *Apéndice WWW*:

1. www. _____
2. www. _____
3. www. _____

Unidad 8

Unidad 8

PROMOCIÓN DE LA EMPRESA: MARKETING Y PUBLICIDAD

1. **1.1.** **Recuerda el apartado** *En esta unidad aprendes a...* **de la unidad 8 del** *Libro del alumno*. **Lee los siguientes párrafos de un ponente en una presentación y piensa qué funciones comunicativas está desarrollando en cada caso.**

> "Ante todo quiero agradecer a los presentes su asistencia y, a los organizadores del congreso, el haberme invitado. Hace dos años tuve el placer de dar una charla en esta misma sala, en la que traté un tema muy distinto al que nos reúne aquí esta tarde".
>
> "Confío en que les resulte útil la presentación que voy a hacer en esta ocasión, y ya saben que pueden interrumpirme en cualquier momento para preguntar".
>
> Como decía Eduardo de Prada en su obra `El mejor negocio es el de uno mismo´...
>
> "Muchas gracias por su atención, espero que nos veamos en una próxima ocasión".

1.2. **Subraya la parte de las frases anteriores que correspondan a los contenidos que aparecen a continuación. Después, escribe la frase subrayada al lado del contenido correcto.**

Terminar una presentación:
....

Citar las palabras de alguien:
....

Expresar deseo de agradar:
....

Informar sobre el turno de preguntas:
....

Expresar agradecimiento en una presentación o conferencia:
....

2. **Completa las frases siguientes.**
Fíjate que en todas ellas aparece *cuando* **o** *tan pronto como* **con idea de futuro, ¿qué tiempo y modo debes usar?**
Aquí tienes, de forma desordenada, los verbos que faltan en esas frases:
necesitar, llegar, tener, recibir, finalizar, invitar, enterarse, venir, ir, escribir.

1. Llámame, cuando *(tú)* ....tiempo.
2. Cuando *(tú)* .... a Bilbao, avísame para hablar del tema que te comenté.
3. Tan pronto como *(yo)* ....la última información, acabaré el informe.
4. Cuando *(tú)* .... la carta para Pablo, pásamela que quiero echarle un vistazo antes de enviarla.
5. Llámenos cuando usted nos ....
6. Visitaré la feria "Imagen de España", cuando *(ellos)* me ....
7. Tan pronto como *(tú)* .... de algo de vital interés para el desarrollo de nuestro proyecto, infórmame.

8. Tan pronto como .... el ponente, empezará la presentación.

9. Por teléfono: "Cuando *(él)* .... Luis a verte, dile que suba también a mi despacho; necesito hablar con él".

10. Tan pronto como .... la reunión, saldré hacia el aeropuerto. Espérame a la entrada del puente aéreo.

3. Fíjate en las siguientes palabras, ¿con qué departamento de la empresa las relacionarías?, ¿con el de marketing o con el de publicidad? Escríbelas en la columna correspondiente.

Marketing	Publicidad

4. Ordena las siguientes frases colocando *o sea que,* *por lo que* y *por (lo) tanto* en su lugar adecuado. Puntúa con coma y punto final donde sea necesario.

a.

No tenemos — tendremos que aplazarla — por lo que — hasta la semana que viene — preparada la reunión

b.

| Nos ha sido imposible | o sea que tendremos que | encontrar un portátil | de la presentación para | que la puedan seguir | intentar hacer fotocopias |

c.

| Nos han asignado | por lo tanto | un equipo de cinco personas | los tiempos asignados al proyecto | podemos reducir |

d.

| El congreso | para tener a punto la documentación | o sea que | empieza el miércoles | hay que darse prisa |

e.

| Esperamos | por lo tanto | una visita de diez personas | es mejor | si queremos comer a las dos | reservar mesa |

f.

| El señor presidente | por lo tanto | no podrá asistir a la reunión | tendremos que | aplazar la reunión |

5. Mira la lista de palabras que aparecen a continuación. Algunas te pueden servir de ayuda para hacer el *autodefinido* siguiente

> **expositor** • **cartel** • **feria** • **anuncio** • **boceto** • **ramo** • **lema** • **marca**
> **catálogo** • **demora** • **logo** • **área** • **foto** • **folleto** • **aumento**

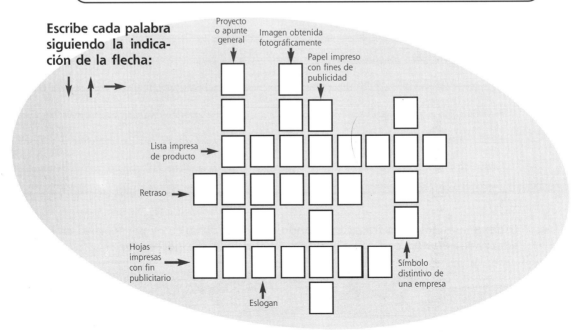

Escribe cada palabra siguiendo la indicación de la flecha:

Proyecto o apunte general

Imagen obtenida fotográficamente

Papel impreso con fines de publicidad

Lista impresa de producto →

Retraso →

Hojas impresas con fin publicitario →

Eslogan

Símbolo distintivo de una empresa

6. Transforma las siguientes frases a pasivas con el verbo *ser*. Fíjate en el ejemplo.

150 000 personas visitaron durante el fin de semana la feria "Imagen de España".
La feria "Imagen de España" fue visitada por 150 000 personas durante el fin de semana.

a. Lázaro y Asociados vendieron la empresa de servicios que ocupaba el n.º 3 en su sector por diez millones de euros.

b. Las tres guías del ocio de la ciudad han introducido el anuncio de Asesoría Total para tener mayor alcance.

c. Los ejecutivos de ambos sexos generaron la mayor demanda de servicios a domicilio.

d. Una multinacional española ha comprado una empresa de servicios que nació hace dos años y medio.

e. Doña Luisa G. Bonet ha coordinado la exposición de pinturas que tenía como motivo las plantas.

7. **7.1. Vas a escuchar la información que se ofrece en la radio, en Onda Cero, sobre los anuncios que tienes a continuación y que ya conoces de la actividad 6 de la unidad 8,** *Libro del alumno***.**
Relaciona las noticias que vas a escuchar con el anuncio correspondiente.

[22]

a.

Texto número ◯

b.
Texto número ◯
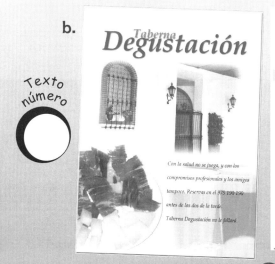

c.
Texto número ◯

7.2. En tu empresa, te han pedido que redactes unos textos breves para que sean emitidos por radio y captar mayor clientela. Para ello, te fijas en lo que se oye en la radio. Toma nota del tipo de información que se da y cómo se da.

TABERNA DEGUSTACIÓN

ASESORÍA TOTAL

TODO HECHO

7.3. En la audición se usa la pasiva. Selecciona los verbos que corresponden a cada texto y escríbelos en la forma en la que aparecen.

> recoger • **respaldar** • llamar • **suceder** • introducir
> **galardonar** • generar • **lanzar** • comprar • **requerir**

TABERNA DEGUSTACIÓN ➡ _____
_____
_____

_____
_____ ⬅ **ASESORÍA TOTAL**
_____

TODO HECHO ⇨ _____
_____
_____
_____

8.

8.1. ¿Sabes lo que es una maqueta de un *spot* publicitario? Es un montaje o boceto previo para determinar sus características definitivas antes del producto final.
En la conversación que vas a oír entre Tere, Olga y Angelines, se comentan las incidencias antes de la presentación del *spot* publicitario a los clientes.
Escucha la conversación y marca con un círculo las palabras que se mencionan.

[23]

> efecto final • **fotocopia** • transparencia • **pendiente** • valla publicitaria • **plan de acción** • fax • **maqueta** • cartas • **conexión** • estrategia • **planear** • diapositiva

8.2. Vuelve a escuchar la conversación y escribe en el siguiente cuadro las expresiones de desconcierto. Después, relaciónalas con los textos de la derecha.

No entiendo cómo	
	a. Angelines: ¿No crees que .... hoy que se decide el contrato no presentemos la maqueta?
	b. Tere: .... no nos han enviado las maquetas montadas.
	c. Olga: ¡..........................!
	d. Angelines: ¿Sí? (...) Ah, ¡.......................... no encuentres las cartas! ¿Has buscado en mi disco duro, en la carpeta de "pendiente"? (...) Bien, pues, mira en la de "urgente". (...) ¿Tampoco está ahí? Pues .... (...)
	e. Olga: Yo .... no tengamos tiempo para que un mensajero nos la traiga.

9.

[24]

9.1. El congreso sobre el monográfico "Venta a domicilio" es inaugurado por el presidente del mismo que comenta la situación en España.
Lee las siguientes afirmaciones y escucha el texto de la audición. Completa con los datos adecuados.

a. La facturación de la venta a domicilio alcanza los ....

b. Los grandes protagonistas son ....

c. Actualmente en España, podemos contar con .... vendedores.

d. El tanto por ciento de mujeres vendedoras asciende al ....

e. Las comunidades que más usan este servicio son ....

9.2. En la transcripción para su publicación en las actas del congreso, se han producido algunas erratas. Hay seis palabras o expresiones distintas. Subraya en el texto las diferentes a las que escuchas en la audición. En las columnas correspondientes escribe la expresión del texto y la de la audición.

Las empresas especializadas en la venta a domicilio están de enhorabuena. Nuestro país se ha convertido en uno de los mercados más atractivos para la venta directa. Incluso, su facturación alcanza ya los 1000 millones de euros. Y a pesar de que los cosméticos, la joyería, los productos para el cuidado personal y el menaje para el hogar son los grandes protagonistas de esta modalidad de venta, en los últimos años los libros, los CD y los pequeños electrodomésticos están experimentando un notable aumento, debido a las facilidades de compra que ofrece el espacio virtual.

En España, existen en la actualidad más de 88 000 vendedores que se dedican a la venta directa. De este número, el 92% de los comerciales son mujeres y tan solo un 8% son hombres. Lo mismo ocurre con los clientes que utilizan este servicio. Siete de cada diez también son mujeres. Y, por distribución geográfica, son los catalanes, los andaluces y los madrileños a los que más atrae la venta domiciliaria. Pero, el verdadero reino de la venta directa está en Estados Unidos. Allí, la creciente incorporación de los hombres a la fuerza de ventas en este momento representa el 25% del total, y la mayor dedicación a tiempo completo está posibilitando que el sector experimente un fuerte crecimiento.

http://www.foromarketing.com/centro-plena.html

Texto	Audición

En resumen

Unidad 8

Después de trabajar esta unidad, reflexiona sobre lo que has aprendido y cómo lo has hecho.

1. Vocabulario

Cuando entras en contacto con palabras nuevas, puedes tener dos dificultades: la primera, entender su significado; la segunda, recordar la palabra. ¿Qué haces en ambos casos?

Para entender el significado de una palabra nueva	Para recordar una palabra nueva
☐ Busco en un diccionario de español o bilingüe.	☐ La incorporo a mi fichero de vocabulario.
☐ Utilizo el contexto en el que está la palabra para deducir el significado.	☐ La utilizo lo antes posible.
☐ Pregunto a un español (profesor, amigo...).	☐ Busco si está en el *Glosario* de mi libro y si está, escribo inmediatamente la traducción a mi idioma.

Consejo práctico

Utiliza y revisa asiduamente el *Glosario* que tienes al final de este libro de ejercicios.

2. Actividades de expresión escrita

Cuando escribo en español...

☐ utilizo frases demasiado largas (más de 15 palabras).
☐ utilizo frases muy simples.
☐ separo el sujeto del verbo y entonces es difícil entender lo que he escrito.
☐ tengo problemas con los acentos.
☐ repito las mismas palabras.

Consejos prácticos

✔ Antes de enviar o entregar un escrito, léelo en voz alta, si tienes dificultad, debes cambiar el párrafo, probablemente sea muy largo.

✔ Revisa tu texto escrito fijándote en las palabras que repites, señálalas y a continuación, cámbialas buscando en tu fichero o listado de palabras otras diferentes. También puedes hacerlo con ayuda de un diccionario de sinónimos.

3. En las páginas de *Hispanoamérica*, ¿qué información recuerdas sobre Venezuela?

Sobre Venezuela no sabía que ....

....

....

Me ha llamado la atención que ....

....

....

4.

En esta unidad aprendo a...

	Asimilado		
	100%	**80%**	**Debo revisar**
Citar las palabras de alguien.			
Agradecer la presencia de los participantes en una presentación o conferencia.			
Terminar adecuadamente una presentación.			
Pedir las herramientas y ayuda técnicas necesarias para hacer una presentación.			
Escribir invitaciones a clientes.			
Preparar mejor una presentación.			

5. En esta unidad consulto el *Apéndice gramatical* **para...**

☐ Revisar las formas del presente de subjuntivo: indica qué verbos no recordabas.

....

....

....

☐ Comprender mejor la relación que existe entre las expresiones *"antes de que"*, *"tan pronto como"* y *"cuando"* y el presente de subjuntivo.

☐ Revisar las construcciones pasivas.

☐ Revisar algunas preposiciones.

☐ ....

6. En las páginas de *Hispanoamérica* de la unidad 8 del *Libro del alumno* **han aparecido algunas direcciones** *web* **en la actividad 3. ¿Las recuerdas?**

Consejos prácticos

Para mejorar mi gramática debo:
✔ Hacer deberes en casa.
✔ Revisar mis notas de clase después de cada sesión.
✔ Apuntar de forma sistematizada todas las dudas que me surjan, preguntar al profesor y escribir, junto a la duda, la solución.

☐ Sí, las he consultado y en ellas he visto que..

....

....

☐ No las he consultado, pero lo haré.

Glosario

Nota: el número situado junto a cada palabra hace referencia a la unidad donde aparece por primera vez.

En español	En tu idioma	En español	En tu idioma
a corto plazo (6)	....	alojamiento, el (2)	....
a finales de (1)	....	alojar (2)	....
a la hora de (8)	....	alquilar (8)	....
a la vista de (5)	....	alquiler, el (1)	....
a largo plazo (6)	....	alteración, la (3)	....
a medio plazo (6)	....	ambicioso/a (2)	....
a partir de (1)	....	amigable (1)	....
a pesar de (5)	....	ampliación, la (1)	....
a raíz de (1)	....	anexo (3)	....
a través de (1)	....	animar (4)	....
abrir una cuenta (7)	....	ante (2)	....
accesible (7)	....	antecesor/a (1)	....
acceso, el (2)	....	anterior (1)	....
acción, la (4)	....	antes de (3)	....
accionariado, el (1)	....	anticipadamente (1)	....
accionista, el/la (1)	....	antigüedad, la (3)	....
aceptar (3)	....	anual (1)	....
acoger (8)	....	anuncio, el (5)	....
aconsejar (1)	....	añadir (2)	....
acostumbrar(se) (1)	....	apartado, el (3)	....
acta, el (3)	....	apasionado/a (1)	....
actitud, la (1)	....	aperitivo, el (4)	....
actuación, la (4)	....	aplicación, la (2)	....
actualmente (2)	....	apoyo, el (4)	....
adaptación, la (3)	....	aprendizaje, el (1)	....
además (1)	....	aprovechar (1)	....
afable (1)	....	apto/a (1)	....
afán, el (5)	....	armonioso/a (8)	....
afirmar (2)	....	arriesgado/a (1)	....
afrontar (1)	....	artículo, el (3)	....
agencia publicitaria, la (8)	....	ascender (1)	....
agenda electrónica, la (1)	....	asesoría jurídica, la (3)	....
agobiado/a (1)	....	asesoría, la (2)	....
agradecer (8)	....	así como (2)	....
agradecimiento, el (4)	....	asignatura, la (6)	....
agresivo/a (8)	....	asistencia, la (2)	....
ahora mismo (8)	....	asumir (4)	....
ahorrar (2)	....	asunto, el (1)	....
al contrario (1)	....	atraer (6)	....
al fin y al cabo (5)	....	atreverse a (1)	....
alcalde, el (8)	....	auditoría, la (6)	....
alejado/a (1)	....	avalancha, la (1)	....
alianza, la (2)		aventurero/a (1)	....

En español	En tu idioma	En español	En tu idioma
avión, el (5)	....	cita, la (2)	....
ayuda, la (6)	....	citar (2)	....
ayudar (1)	....	cláusula, la (3)	....
azafato/a, el/la (5)	....	clausurar (8)	....
balance, el (6)	....	cliente/a, el/la (2)	....
balanza, la (1)	....	cobro, el (7)	....
banca, la (2)	....	Código de Identificación	
banda ancha, la (2)	....	Fiscal, el (CIF) (3)	....
básico/a (8)	....	cohesionado/a (1)	....
becario/a, el/la (5)	....	cohesión, la (1)	....
beneficio, el (7)	....	coincidir (2)	....
bodega, la (1)	....	colaboración, la (1)	....
Boletín Oficial del		colaborador/a, el/la (1)	....
Estado, el (BOE) (3)	....	comentar (4)	....
borrador, el (3)	....	comercializar (7)	....
buscador, el (2)	....	comercio electrónico, el (2)	....
búsqueda, la (4)	....	comisión, la (7)	....
buzón, el (8)	....	cómodo/a (1)	....
cabe destacar (8)	....	comparar(se) (2)	....
cada (5)	....	compensación laboral,	
cadena, la (1)	....	la (3)	....
calidad, la (2)	....	compensación, la (3)	....
cámara de comercio, la (6)	....	compensar (4)	....
campaña, la (5)	....	competencia, la (4)	....
candidato/a, el/la (1)	....	competitividad, la (6)	....
cantidad, la (2)	....	complemento, el (3)	....
cañón de proyección, el (8)	....	componente, el (5)	....
capacidad, la (1)	....	comprador/a, el/la (2)	....
capital, el (6)	....	comunicado interno, el (3)	....
característica, la (1)	....	comunicar (2)	....
carecer de (5)	....	comunicar(se) (1)	....
carrera profesional, la (5)	....	con relación a (5)	....
carrera, la (1)	....	concentración, la (3)	....
carta de presentación, la (3)	....	conectar/se (2)	....
cartilla de la Seguridad		conexión, la (2)	....
Social, la (3)	....	confeccionar (1)	....
categoría, la (3)	....	confiar en (5)	....
causa, la (2)	....	confirmación, la (4)	....
cava, el (1)	....	conflicto, el (1)	....
cazatalentos, el/la (1)	....	confundir (2)	....
celebración, la (4)	....	congelación, la (8)	....
centenar, el (1)	....	conocimiento, el (1)	....
central, la (5)	....	conseguir (1)	....
cierto/a (5)	....	consejero/a, el/la (1)	....
cifra, la (2)	....	consenso, el (5)	....

En español	En tu idioma	En español	En tu idioma
Consejo de Administración, el (1)	....	cualquier/a (1)	....
conservador/a (1)	....	cuenta corriente, la (5)	....
considerar (4)	....	cuña publicitaria, la (8)	....
consistir en (1)	....	cuota, la (3)	....
constancia, la (1)	....	dar a conocer (1)	....
consulta, la (3)	....	dar de alta (2)	....
consultar (7)	....	dar de baja (2) ·	....
consumo interno, el (5)	....	dar la razón (4)	....
consumo, el (8)	....	dar soporte (2)	....
contabilidad, la (8)	....	dato, el (2)	....
contactar (1)	....	de forma unilateral (3)	....
contaminación, la (5)	....	de repente (4)	....
contar con (5)	....	debido a (5)	....
contestador automático, el (6)	....	decepcionado/a (1)	....
contexto, el (5)	....	decidido/a (1)	....
contratación, la (2)	....	decisión, la (4)	....
contratar (2)	....	dedicar (4)	....
contrato por tiempo indefinido, el (3)	....	deducción, la (3)	....
contrato temporal, el (3)	....	definición, la (6)	....
contribuir (8)	....	delegar (1)	....
control, el (6)	....	demostración, la (8)	....
convencimiento, el (5)	....	depender de (6)	....
convenio colectivo, el (3)	....	deprimido/a (1)	....
convertir (1)	....	derechos de autor, los (5)	....
convicción, la (1)	....	desaceleración, la (5)	....
convocar (2)	....	desarrollo, el (1)	....
convocatoria, la (2)	....	descuento, el (8)	....
corporativo/a (2)	....	desde hace (1)	....
corregir (1)	....	desempleo, el (3)	....
correo electrónico, el (2)	....	despedir (1)	....
correo postal, el (3)	....	despuntar (5)	....
correspondencia, la (7)	....	destacar (2)	....
corresponder (4)	....	destino, el (1)	....
coste fijo, el (2)	....	desventaja, la (1)	....
coste, el (8)	....	desviar (2)	....
crear (6)	....	detalladamente (1)	....
creatividad, la (8)	....	detalle, el (1)	....
creativo/a (1)	....	detallista (1)	....
crecer (1)	....	dicho/a (6)	....
crecimiento, el (1)	....	diferente (5)	....
criterio, el (6)	....	dinámico/a (2)	....
crucial (2)	....	directivo/a (1)	....
		directo/a (8)	....
		director/a de finanzas, el/la (1)	....

En español	En tu idioma	En español	En tu idioma
dirigirse a (3)	....	enorme (1)	....
disciplina, la (1)	....	entorno de trabajo, el (5)	....
discutir (2)	....	entrar en vigor (2)	....
diseñador/a, el/la (1)	....	entusiasmo, el (1)	....
disfrutar de (8)	....	enviar (2)	....
disminuir (4)	....	época, la (1)	....
distanciamiento, el (5)	....	equilibrado/a (1)	....
distinto/a (1)	....	equipo de trabajo, el (4)	....
diverso/a (1)	....	equipo, el (1)	....
dividendo, el (7)	....	equivocación, la (8)	....
Documento Nacional de Identidad, el (DNI) (3)	....	equivocado/a (1)	....
domiciliar (7)	....	error, el (1)	....
domicilio, el (3)	....	es cierto (1)	....
dominar (1)	....	es decir (3)	....
donación, la (7)	....	escaso/a (2)	....
duplicar (2)	....	escuela secundaria, la (1)	....
durante (2)	....	establecer (6)	....
editor/a, el/la (5)	....	establecimiento, el (1)	....
ejecutivo/a, el/la (1)	....	estar a punto de (1)	....
ejercer (1)	....	estar presente en (2)	....
ejercicio, el (5)	....	Estatuto de los Trabajadores, el (3)	
elaborar (2)	....	estimulante (8)	....
emisor, el (1)	....	estricto/a (1)	....
empleado/a, el/la (2)	....	estructura, la (1)	....
empleo, el (6)	....	estudio, el (2)	....
emprendedor/a (1)	....	ética, la (5)	....
empresa, la (1)	....	evolucionar (5)	....
empresario/a, el/la (1)	....	excepto (5)	....
en alza (5)	....	excesivamente (2)	....
en cambio (6)	....	exigente (1)	....
en concepto de (3)	....	expansión, la (1)	....
en crisis (5)	....	experiencia, la (1)	....
en cuanto a (5)	....	exposición, la (8)	....
en el transcurso de (3)	....	extinción, la (3)	....
en ese momento (3)	....	extracto, el (7)	....
en expansión (5)	....	extranjero, el (1)	....
en primer lugar (5)	....	fábrica, la (6)	....
en torno a (1)	....	fabricante, el (1)	....
encuesta, la (4)	....	facilitar (4)	....
energía, la (4)	.:	factor, el (1)	....
enérgico/a (8)	....	factoría, la (1)	....
engañoso/a (8)	....	factura, la (5)	....
enlace, el (2)	....	fallar (1)	....
entidad, la (7)	....	familiar (1)	....

En español	En tu idioma	En español	En tu idioma
felicitación, la (4)	....	impactante (8)	....
fianza, la (7)	....	implantar (5)	....
figura, la (1)	....	implicación, la (6)	....
fijar (1)	....	implicar (3)	....
financiero/a (6)	....	imprimir (8)	....
fin de semana, el (1)	....	impuesto sobre la renta	
fiscalidad, la (8)	....	de las personas físicas,	
flexibilidad, la (3)	....	el (IRPF) (3)	....
folleto, el (8)	....	impuesto, el (3)	....
fondo de inversión, el (7)	....	incidir en (5)	....
fondo de pensiones, el (7)	....	incluido/a (8)	....
fondo ético, el (7)	....	incluir (3)	....
formación, la (6)	....	incluso (5)	....
formar (1)	....	incorporación, la (2)	....
fotocopiar (8)	....	incorporar (2)	....
franquicia, la (1)	....	increíble (8)	....
fuga, la (1)	....	incremento, el (1)	....
funcionamiento, el (4)	....	indeciso/a (1)	....
fusión, la (1)	....	indemnizar (3)	....
gabinete, el (3)	....	indicar (4)	....
ganador/a, el/la (4)	....	infancia, la (1)	....
ganancia, la (7)	....	inferior (2)	....
gasto, el (3)	....	influir (1)	....
gerencia, la (1)	....	infraestructura, la (6)	....
gestión de compras, la (2)	....	ingenioso/a (3)	....
gestión de fondos, la (7)	....	ingenuo/a (8)	....
gestión, la (1)	....	ingreso, el (2)	....
gestionar (2)	....	inicial (4)	....
girar (1)	....	iniciar (6)	....
gratificante (1)	....	iniciativa, la (6)	....
gratis (2)	....	innovación, la (5)	....
gratuito/a (2)	....	innovador/a (1)	....
guía, la (6)	....	inquietud, la (1)	....
hace (1)	....	inseguro/a (1)	....
hacer frente a (6)	....	inspirarse en (1)	....
hacer hincapié (4)	....	instalaciones, las (1)	....
hacer referencia a (6)	....	Instituto Nacional de	
homólogo/a (6)	....	Empleo, el (INEM)	
honestidad, la (3)	....	integrante (4)	....
idealista (1)	....	intentar (1)	....
ignorar (5)	....	intercambio, el (6)	....
igualar (1)	....	interesar(se) (1)	....
ilusionar (1)	....	internacional (5)	....
imagen, la (2)	....	intervención, la (3)	....
		intervenir (6)	....

En español	En tu idioma	En español	En tu idioma
intrigante (8)	....	máximo (4)	....
inversión, la (1)	....	monotemático/a (1)	....
inversor/a, el/la (7)	....	montar un negocio (6)	....
investigador/a, el/la (2)	....	motivar (1)	....
jefe/a de ventas, el/la (3)	....	motivo, el (1)	....
jubilación, la (3)	....	movilidad geográfica, la (3)	....
jubilar(se) (3)	....	movimiento bancario, el (7)	....
lanzamiento, el (2)	....	movimiento, el (2)	....
legal (3)	....	nave central, la (1)	....
legislación, la (6)	....	necesario/a (2)	....
lema, el (5)	....	negocio, el (1)	....
ligero/a (1)	....	neto (3)	....
liquidez, la (6)	....	ningún/a (1)	....
listado, el (2)	....	no obstante (1)	....
lleno/a (1)	....	nombramiento, el (4)	....
local, el (1)	....	norma, la (7)	....
lugar, el (1)	....	nota técnica, la (3)	....
maletero, el (1)	....	notarse (1)	....
maletín, el (1)	....	noticia, la (2)	....
mando, el (4)	....	novedades, las (2)	....
marca, la (8)	....	nuevas tecnologías, las (2)	....
marcar (2)	....	Número de Identificación Fiscal, el (NIF) (3)	....
masivo/a (1)	....	números rojos, los (5)	....
matemáticas, las (1)	....	obligado/a (1)	....
mayor (8)	....	oferta de empleo, la (3)	....
mayoría, la (1)	....	oficina bancaria, la (8)	....
mayoritariamente (2)	....	oficio, el (1)	....
mediante (2)	....	optimización, la (2)	....
medios, los (8)	....	orden del día, el (2)	....
mejora, la (5)	....	organización, la (3)	....
mejorar (4)	....	organizador/a, el/la (8)	....
memorando, el (1)	....	orientarse (1)	....
menor (8)	....	originalidad, la (8)	....
menos (5)	....	paga extra, la (3)	....
mensaje electrónico, el (6)	....	paga, la (3)	....
mensaje, el (8)	....	pago, el (2)	....
mensual (2)	....	paro, el (3)	....
mercado, el (2)	....	pedido, el (8)	....
merecer (4)	....	penetrante (8)	....
método, el (4)	....	pensamiento, el (1)	....
miembro, el (1)	....	peor (1)	....
mitad, la (6)	....	percibir (3)	....
modelo, el (5)	....	pérdida, la (1)	....
moderno/ a (1)	....		
módulo, el (4)	....		

En español	En tu idioma
periodo de prueba, el (3)	....
periodo vacacional, el (3)	....
pese a (5)	....
petróleo, el (5)	....
piloto, el/la (5)	....
plan de jubilación, el (4)	....
plan económico, el (6)	....
plano, el (8)	....
plataforma, la (2)	....
plazo, el (3)	....
población, la (2)	....
poder ejecutivo, el (6)	....
poderoso/a (8)	....
póliza, la (1)	....
ponerse (8)	....
por encima de (1)	....
por lo que (8)	....
por supuesto (1)	....
porcentaje, el (5)	....
portal, el (2)	....
posición, la (5)	....
positivamente (1)	....
positivo/ a (1)	....
posterior (4)	....
potencial económico, el (8)	....
práctico/a (8)	....
precisar (1)	....
precisión, la (1)	....
preciso/a (8)	....
predominar (7)	....
preferentemente (2)	....
premio, el (4)	....
prenda, la (1)	....
preocupación, la (1)	....
presencia, la (5)	....
presidente/a, el/la (1)	....
prestación, la (2)	....
préstamo, el (6)	....
prestigio, el (4)	....
previsión, la (2)	....
prioritario/a (1)	....
problema, el (1)	....
proceso, el (2)	....
procurar (1)	....
productivo/a (1)	....

En español	En tu idioma
producto ecológico, el (5)	....
Producto Interior Bruto, el (PIB) (5)	....
producto, el (1)	....
profesional (1)	....
programación, la (2)	....
promocionar (4)	....
promover (1)	....
propiciar (1)	....
propiedad, la (6)	....
propietario/a, el/la (1)	....
proponer (2)	....
propuesta, la (2)	....
protocolo, el (6)	....
próximamente (2)	....
puesto, el (1)	....
punto de vista, el (1)	....
razón social, la (6)	....
razonamiento, el (1)	....
reaccionar (1)	....
realizar (1)	....
receptor, el (1)	....
recibo, el (7)	....
recinto ferial, el (8)	....
reclamación, la (8)	....
reconocer (4)	....
reconocimiento, el (8)	....
recorte, el (8)	....
recuperar (3)	....
recurrir a (3)	....
red comercial, la (1)	....
reducción, la (1)	....
reducir (2)	....
redundar (1)	....
reestructurar (1)	....
referirse a (4)	....
reflexivo/a (1)	....
región, la (2)	....
regla, la (1)	....
reinvertir (1)	....
relación, la (1)	....
relacionar(se) (1)	....
relaciones públicas, las (1)	....
relajado/a (1)	....
rellenar (8)	....

En español	En tu idioma	En español	En tu idioma
rendir (4)	....	soler (1)	....
rentabilizar (1)	....	solicitar (3)	....
reportaje, el	....	solicitud, la (8)	....
reputación, la (5)	....	subasta, la (2)	....
resaltar (8)	....	subliminal (8)	....
reserva de billetes, la (2)	....	subsidio, el (3)	....
reserva, la (4)	....	sucesión, la (6)	....
residencia, la (1)	....	sugerente (8)	....
responsable, el/la (8)	....	sugerir (4)	....
resultado, el (1)	....	superior (6)	....
retribución, la (5)	....	sustancial (3)	....
revisión, la (2)	....	sutil (8)	....
revista, la (3)	....	talón, el (5)	....
salario base, el (3)	....	tamaño, el (8)	....
salario mínimo, el (3)	....	tarifa plana, la (2)	....
saldo, el (3)	....	tarifa, la (2)	....
salida, la (1)	....	tarjeta del INEM, la (3)	....
satisfacción, la (5)	....	telefonía fija, la (5)	....
sector alimenticio, el (5)	....	telefonía móvil, la (5)	....
sector automovilístico, el (5)	....	teléfono móvil, el (2)	....
sector bancario, el (5)	....	telegrama, el (3)	....
sector de finanzas, el (5)	....	tema, el (1)	....
sector de juguetería, el (5)	....	tener derecho a (3)	....
sector de servicios, el (5)	....	tener en cuenta (3)	....
sector de telecomunica-ciones, el (5)	....	tener razón (6)	....
sector energético, el (5)	....	titulares, los (2)	....
sector hotelero, el (5)	....	tradición, la (7)	....
sector inmobiliario, el (5)	....	transferencia, la (3)	....
sector químico, el (5)	....	transmitir (1)	....
sector textil, el (5)	....	transparencia, la (8)	....
sector turístico, el (2)	....	trasladarse (1)	....
sede central, la (1)	....	traslado, el (3)	....
según (2)	....	tratar (1)	....
Seguridad Social, la (3)	....	tripulación, la (5)	....
selección, la (3)	....	turista, el/la (1)	....
semejante (4)	....	ubicación, la (8)	....
seminario, el (1)	....	utilización, la (2)	....
servir (1)	....	valores tecnológicos, los (8)	....
sesión, la (2)	....	venta, la (1)	....
simplicidad, la (8)	....	verse capaz de (1)	....
sistema de gestión, el (6)	....	vida laboral, la (1)	....
sistema, el (1)	....	vigente (3)	....
sobrar (1)	....	virus, el (2)	....
socio/a, el/la (6)	....	visual (8)	....
		volumen de negocio, el (6)	....

Claves:

libro del alumno
libro de ejercicios

Unidad 1

EMPRESARIOS Y EJECUTIVOS ESPAÑOLES

1. **1.3.** **Pretérito perfecto:** he tenido, he llegado, he sentido, ha importado, he pasado, he salido.
Pretérito imperfecto: servía, iba, nos ocupábamos, ayudaba, era, se hacían, trabajaba, se centraba, deseaba, se fabricaban, pasaban, supervisaba, sabía, compraba, era, tenía, quedaba, quería.
Pretérito indefinido: inaguré, realicé, fue, me trasladé, vendimos, trajimos, llevé, formamos, decidí, tuvimos, compré.

3. **3.1.** 1. nació; 2. comenzó; 3. tenía; 4. montó; 5. tenía; 6. sabía; 7. atendía; 8.empezaban; 9.diversificó; 10. construyó.

3.2. **Verbo de la historia:** 1. nació; 2. comenzó; 3. tenía; 4. montó; 5. tenía; 6. sabía; 7. atendía; 8.empezaban; 9.diversificó; 10. construyó.
Infinitivo: 1. nacer; 2. comenzar; 3. tener; 4. montar; 5. tener; 6. saber; 7. atender; 8. empezar; 9. diversificar; 10. construir.

4. **4.2.** 1. **Luis:** ¿Qué le parece si nos tuteamos?; **Fernando:** De acuerdo, me parece bien. 2. **Valentín:** ¿Qué me cuentas...?; 3. **Paloma:** ¿Le apetece...?; **Joaquín:** Encantado. 4. **Jesús:** ¿Por qué no...?; **Isidoro:** Lo siento.; 5. **Pilar:** ¿Desde cuándo...?; **Santiago:** Llevo...; 6. **Emilio:** ¿Sabes...?; **Ana:** No tengo ni idea...; **Emilio:** Me he confundido, quería decir...; 7. **Beatriz:** ¿Ah, sí?, ¿de verdad?; 8. **Amparo:** ¿Cómo te va la vida?; **Iñaki:** No puedo quejarme...

4.3. **Invitar a algo:** ¿Le apetece...?
Aceptar una invitación o un ofrecimiento: Encantado; De acuerdo, me parece bien.
Rechazar una invitación o un ofrecimiento: Lo siento.
Proponer el tuteo: ¿Qué le parece si nos tuteamos?
Proponer algo: ¿Por qué no...?
Preguntar por el estado del interlocutor y responder a la pregunta: ¿Qué me cuentas?; ¿Cómo te va la vida?; No puedo quejarme.
Preguntar si se sabe algo y responder a la pregunta: Sabes si...; No tengo ni idea.
Corregir lo que uno mismo ha dicho: Me he confundido, quería decir...
Preguntar y responder por la duración de una acción o situación: ¿Desde cuándo...?; Llevo...
Mostrar que se está siguiendo la intervención de otra persona: ¿Ah, sí?, ¿de verdad?

5. **5.1.** 1. b; 2. e; 3. d; 4. a; 5. f; 6. c.

5.4. 1. se estabiliza; 2. prioritaria; 3. extranjero; 4. relajada; 5. reducción; 6. elegir.

7. **7.1.** 1. había conseguido; 2. habían sido; 3. habían jubilado; 4. habían despedido; 5. se habían ido; 6. habían ascendido; 7. había considerado; 8. habían desaparecido; 9. había sido.

7.2. 1. **Razón 1:** Porque no había conseguido igualar a su antecesor en los resultados del departamento. **Razón 2:** Porque las fugas de su equipo habían sido masivas.
2. El conocimiento y la cohesión del equipo que todo el mundo había considerado un gran logro, habían desaparecido.

8. 1. Para-en-al; 2. de-en-en-de; 3. A-de-por; 4. con-del; 5. a-de.

10. ### ¡Qué bueno es el jefe!

Un estudio sueco descubre la devoción del español hacia sus mandos.

El 84% de los empleados está muy contentos con sus jefes y valora a sus superiores mejor que en ningún otro país europeo. El empleado español, además, opina que sus jefes son buenos, tanto desde el punto de vista humano como profesional, y es el que está más convencido de que sus superiores son los más honrados, los que más respetan a sus subordinados y los que más aceptan sus sugerencias.

Estas conclusiones pertenecen a un estudio realizado por la empresa Mercuri Internacional, especializada en desarrollo y formación de equipos de venta; el estudio recoge solamente la opinión del personal de los departamentos comerciales de 814 compañías radicadas en nueve países europeos. La encuesta se realizó entre 1700 hombres y mujeres, a los que se les pidió valorar 36 aspectos relacionados con la gestión de sus jefes.

Las respuestas de los empleados españoles son las que han causado mayores sorpresas a los responsables del estudio. Pese a su imagen de individualismo, el 84% de los empleados españoles cree que su jefe es bueno, opinión que sólo asume el 69% del resto de encuestados europeos, siendo, por lo tanto, España la que tiene el índice más alto del continente.

El porcentaje de españoles que opina que su jefe es malo es del 6% similar al europeo. Pero mientras que en los demás países una buena parte de los consultados opina que su jefe no es bueno ni malo- hasta un 39% de los alemanes se decanta en este sentido-, España arroja el porcentaje de opinión neutro más bajo de Europa, el 10%.

Los españoles prefieren por encima de todo "un jefe abierto y directo", mientras que los franceses se decantan por "el jefe que toma decisiones claras". Asimismo, los empleados españoles, junto a los noruegos, son los que creen que el jefe "da las instrucciones claras y es una persona decidida", mientras que los alemanes lo califican de "indeciso y lento". Pero, a pesar de que ningún empleado europeo parece atribuirle al jefe gran "consistencia" cuando se le pregunta si es "perseverante en sus criterios", los españoles y franceses son los que le imputan un mayor grado de volubilidad ("hoy dice blanco y mañana negro").

Los alemanes opinan que, en el tema de aceptar sugerencias, sus jefes son bastante "sordos".

Otro dato significativo del estudio es que los empleados europeos tienen mejor opinión de sus jefes si son mujeres que hombres.

11. **11.2.** 1. (...) hace falta una carrera y dominar dos idiomas por lo menos; 2. (...) una precisión, tanto en el lenguaje como en el razonamiento; 3. (...) capacitados para comunicarse con otras personas y para hacerles cumplir sus objetivos con convicción; 4. (...) precisar el pensamiento igual que el latín.

Hispanoamérica

1. ¡qué bueno que llegaste! = ¡bienvenido!; Acá = aquí; vos = tú; de ahora en más = inmediatamente; En relación a = relacionado con; rubros = sectores; Luego de = después de; tenés que = tienes que / debes; allá = allí

Unidad 2

PUNTO.COM

1. **1.3.** **3.ª persona singular:** 1. será-ser; 2. tendrá-tener; 3. se dedicará-dedicarse; 4. irá-ir; 5. ofrecerá-ofrecer; 7. hará-hacer; 8. se pondrá-poner.
3.ª persona plural: 6. entrarán-entrar; 9. darán--dar.

1.4. **Futuro imperfecto:**
Regulares: ser, dedicarse, ir, ofrecer, entrar, dar; Irregulares: tener, hacer, poner.

1.6. **Yo:** trabajaré, tendré, me pondré, ofreceré, iré, haré.
Tú: trabajarás, tendrás, te pondrás, ofrecerás, irás, harás.
Él/ella/usted: trabajará, tendrá, se pondrá, ofrecerá, irá, hará.
Nosotros/as: trabajaremos, tendremos, nos pondremos, ofreceremos, iremos, haremos.
Vosotros/as: trabajaréis, tendréis, os pondréis, ofreceréis, iréis, haréis.
Ellos/ellas/ ustedes: trabajarán, tendrán, se pondrán, ofrecerán, irán, harán.

2.

2.1. Frase 1 **Noticia:** Número de internautas en la región de Asía Pacífico. **Tema:** Asia-Pacífico.
Frase 2 **Noticia:** Ventas de 26 millones de dólares. **Tema:** Música en Mp3.
Frase 3 **Noticia:** 6,8 billones de dólares. **Tema:** Comercio electrónico.
Frase 4 **Noticia:** 900 millones de euros. **Tema:** Mercado B2B europeo.
Frase 5 **Noticia:** Problemas similares en 5 años con las .com de EE.UU. **Tema:** Las "punto com" españolas.

2.2. 1. supondrá; 2. alcanzarán; 3. llegará; 4. moverá; 5. asegurarán; 6. tendrán; 7. será.

2.3. el próximo año; próximamente; dentro de dos años; durante los próximos tres años; dentro de cinco años; nuestra próxima; el próximo jueves.

3.

3.2.

Empresa	Unipapel	Ya.com	Trident
Diálogo	2	3	1

3.3. **Condicional**
Verbos en -AR: cambiaría, cambiarías, cambiaría, cambiaríamos, cambiaríais, cambiarían.
Verbos en -ER: debería, deberías, debería, deberíamos, deberíais, deberían.
Verbos en -IR: escribiría, escribirías, escribiría, escribiríamos, escribiríais, escribirían.

Poder en condicional es **podría**.
Usos del condicional y morfología: ver gramática del libro del alumno página 180-181.

6.

6.1. **Telefónica:** 1.F; 2.V; 3.V; 4.V.   **BT Ignite:** 1.F; 2.F; 3.F; 4.F.

7.

1. en-a; 2. en-con; 3. en-de; 4. Con-de; 5. Desde-en.

10.

10.2. 1.F; 2.F; 3.V; 4.V.

Hispanoamérica

1. 1.mejoramiento; 2. el equipamiento computacional; 3. el arriendo de equipos; 4. bien; 5. proyectó; 6. En otro orden; 7. baja.

2.

Términos de Vittorio:	En España dirían:
mejoramiento	mejora
el equipamiento computacional	la instalación de ordenadores
el arriendo de equipos	el alquiler de equipos
bien	muy
proyectó	previó
En otro orden	Por otra parte
baja	bajada

4. 1. Es una República Democrática; 2. Español; 3. Es mejor llevar un convertidor de EE.UU. o de Asia; 4. Visa, MasterCard, Diners, y en un grado inferior, American Express. Los cheques de hojas de ruta (traveler) se validan extensamente; 5. De lunes a viernes de 9h. a 14h; 6. Hay muchos días de fiesta en Chile que usted puede consultar en el portal www.visit-chile.org; 7. En la oficina de Servicio Turístico Nacional, SERNATUR; 8. Las tiendas están abiertas de 10h. a 20h. Los *mall* y supermercados hasta las 21h.

Unidad 3

RECURSOS HUMANOS: UN ENTORNO LEGAL

1. **1.2.** llamar; traer; preparar; traer; no olvidar; precisar.

1.3. 1; 6; 2; 3; 4; 5.

1.4. 1. llama; 2. prepara; 3. trae; 4. no olvides; 5. precisas (o necesitas, puesto que es menos formal); 6. Recuerda traer.

3. **3.1.** a. CIF/NIF: Código de Identificación Fiscal / Número de Identificación fiscal; b. D/D.ª: don/doña; c. C.P.: Código Postal; d. N.º: número; e. S.S.: Seguridad Social.

5. **5.1.** En España es habitual dividir la percepción del salario bruto anual en 14 pagas, es decir, las 12 mensualidades del año y dos pagas extras, coincidiendo con las vacaciones de verano y la Navidad. A veces las pagas extras se "prorratean", lo que significa que se dividen entre las 12 mensualidades a percibir. Raras empresas conceden 4 pagas extras, una por trimestre.
Para obtener información actualizada se puede consultar por teléfono a cualquier oficina del INEM o visitar su página web http://www.inem.es

6. **6.4.** situación 1., a; situación 2., b y c.

7. 1. con- para; 2. para; 3. de-con; 4. a; 5. en-de.

Hispanoamérica

1. (1) 19.729; (2) 105 500; (3) 15 718; (4) 19.19.649; (5) 328 232; (6) 0; (7) tarjeta; (8) Asociación; (9) 48.

2.

España	Chile
1. compensación laboral	gratificaciones
2. 14	12
3. S.S.	INP (ISAPRE: Instituto Salud Previsional)
4. anuncios	avisos

– En Chile, como en otros países hispanos, se utiliza la forma *ustedes* en lugar de *vosotros*.

Unidad 4

CULTURA EMPRESARIAL

1.   **1.2.**   Lee textualmente: 1, 2.
                 Hace referencia al texto: 3, 4, 5.

6.   **6.1.**   1-c; 2-b; 3-a; 4-d.

       6.2.

	Olga Asensio	David Romo	Juan Pedro Sánchez
aperitivo	X	X	
comida o almuerzo	X		
cóctel	X	X	X
cena			

       6.3.   Menú n.º 4. También podría estar acompañado de comida, dependiendo de la hora y las costumbres, entonces el menú n.º2 sería válido también.

       6.4.   a-4; b-2; c-3; d-1. Las opciones c-3 y d-1 podrían variar según ciudades y restaurantes.

7.   **7.3.**   **Felicitaciones:** Enhorabuena.
                 Agradecimientos: Gracias a todos nuestros compañeros por animarnos a presentarnos a este concurso.
                 Muchas gracias de parte de todos nosotros.
                 Gracias. El premio os lo queremos dedicar a todos vosotros.

       7.5.   a. 2; b. 1; c. 3.

8.   1. a-de; 2.a; 3.de-entre/por; 4. a-a; 5. por-a.

Hispanoamérica

1.   1-e; 2-f; 3-b; 4-d; 5-a; 6-c.

3.   1-d; 2-e; 3-c; 4-b; 5-a.

       1. El Gobierno de Chile; 2. La parte principal la financian los empleadores, y también contribuyen los trabajadores y el Estado; 3. Tanto los trabajadores despedidos como los que renuncian a su puesto de trabajo; 4. Piensa que el problema de Argentina es más político que económico.

Unidad 5

IMAGEN DE MARCA Y SECTORES ECONÓMICOS

1. **1.2.** *editorial:* novela, derechos de autor, editor, obra.
aéreo: despegue, tripulación, vuelo, avión, piloto, azafata.
bancario: saldo, cajero, números rojos, cuenta corriente, talón.
publicitario: anuncios, vallas publicitarias, campaña, lema.

2. **2.3.** resultados económico-financieros; calidad del producto o servicios; cultura corporativa y calidad laboral; ética y responsabilidad social corporativa; habilidad para atraer a la gente con talento; innovación (investigación y desarrollo).

2.4. N.º de personas entrevistadas: 3.
Resultados económico-financieros: 1 persona.
Calidad del producto o servicios: 2 personas.
Cultura corporativa y calidad laboral: 1 persona.
Ética y responsabilidad social corporativa: 1 persona.
Dimensión global y presencia internacional: No se menciona.
Innovación (investigación y desarrollo): 1 persona.

3. **3.1.** a.3; b.4; c.2; d.1.

3.2. b. Por medio de la concesión de becas.
c. Los factores son: una gestión integral de personas; valoración profesional por resultados; las secciones sindicales de empresa; oferta de un proyecto; oferta de un empleo seguro.
d. Adquiere y utiliza los conocimientos; es ordenado y claro; tiene afán por el logro y la orientación de resultados; domina la comprensión interpersonal; se identifica con el grupo; es flexible; dispone de iniciativa, impacto e influencia en un cliente.

4. **4.1. y 4.2.**

Sectores	En alza	En crisis
papelero	X	
textil		X
del calzado		X
del mueble	X	
automovilístico		X
de alimentación	X	
electrónico y de comunicaciones	X	
químico	X	

4.3. Algunos, bastante, algo.

4.4. En cuanto a; Respecto a.

4.5. A. Algún sector; alguna persona; algunos sectores; algunas personas; bastante sentido común; bastante producción; bastantes cifras; cierto rumor; ciertos sectores; ciertas personas.

B. con respecto a; en cuanto a; respecto al; en relación con; otro.

4.6. **Palabras que indican que un sector o una empresa está en desarrollo:** crecimiento, incremento, comportamiento bueno, mejoras, superar, ascender.

Palabras que indican que un sector o una empresa está en crisis: desaceleración, descenso, ralentización.

(5.)

5.2. **¿Qué componente es el que...?** La calidad.

Según los diferentes componentes, ¿cuál de los tres sectores sale...? La telefonía fija.

(7.) 1. a-de; 2. para-con-al; 3. de-de-para; 4. de-por; 5. de-al-de.

(10.) **10.2.** 1.V; 2.F; 3.F; 4.V.

10.3. 1. (...) siguen a banca y distribución en los sectores de mayor reputación.

2. Ha extrañado la caída en la valoración de construcción (...) o en inmobiliarias.

3. Destaca también la pujanza que ha cobrado el sector hotelero, que dobla el número de empresas valoradas en relación al año pasado.

4. (...) Renfe es la empresa más reputada, pero el primer gestor es Xabier de Irala cuando la empresa que preside, Iberia, es la segunda del sector.

Hispanoamérica

(1.) 1. Es un rasgo sobresaliente del habla chilena. Muchos interpretan esta manera de usar el diminutivo como reflejo del alma tierna y respetuosa del chileno. El famoso escritor español, Miguel Delibes, dice: "El diminutivo constituye el lubricante de la ejemplar convivencia chilena" 2. El *pisco* o *pisco saur* es un aguardiente que se toma "harto por allá". 3. Es una costumbre chilena todavía vigente en ciudades y lugares provincianos. En Santiago, debido al cambio en los horarios de trabajo, la extensión de la jornada laboral, etc., no se ha perdido la costumbre, pero se ha ido desplazando hasta lo que llaman "*onces-comida*". "*Tomar once*" es como la versión chilensis del británico *five o'clock tea*. Es un decir, puesto que la o las onces chilenas tienen la más variada expresión culinaria, que va desde "el té solo con galletitas" hasta la más apetitosa muestra de quesos, arrollados, queques, mermeladas y pasteles. 4. En la Argentina. Un mate es una infusión de hierba mate.

(2.) **Alumno A**

Español de España	*Español de Chile*
1. dirigimos a	enfocarnos
2. nada más empezar	recién empezó
3. la bajada/el descenso	la baja
4. sector	rubro
5. a corto plazo	en el corto plazo
6. se quedan más tiempo	se quedan por más tiempo
7. llegaron	arribaron
8. muy claras	bien claras
9. directora general	gerente general
10. la llegada	arribada

Alumno B

Español de España	Español de Chile
1. dirigida	enfocada
2. muy pronto	prontamente
3. constantemente	a cada nada
4. cabe decir/hay que mencionar	vale decir
5. extranjeros	afuerinos
6. con respecto a	en respecto a
7. quejas/reclamaciones	reclamos
8. representantes gubernamentales	personeros públicos
9. mucho	harto

Unidad 6

EL ÉXITO EN EL MUNDO LABORAL

1. **1.2.** *plantilla:* conjunto de empleados de una empresa / *volumen de negocio:* cantidad de dinero que factura una empresa / *balance:* confrontación del activo y el pasivo para averiguar el estado de los negocios / *capital:* suma de dinero / *competitividad:* capacidad de competir / *subvención:* ayuda económica.

2. **2.1.** *Mediana empresa:* Número de empleados, 250; Volumen de negocio: No superior a 50 millones de euros / *Pequeña empresa:* Número de empleados: Inferior a 250; Volumen de negocio: entre 7 y 9 millones de euros / *Microempresa:* Número de empleados: Menos de 10 empleados; Volumen de negocio: No supera el millón de euros.

2.2. *Entonación enunciativa:* "Es el empleo de 74 millones de personas"; "Debemos ser muy cautos"; " A mí me parece bien considerar mediana empresa a la que tiene 250 empleados" / *Entonación exclamativa:* "¡Tienes razón!"; ¡No sé! / *Entonación interrogativa:* "¿Y tú qué opinas?"

3. **3.1.** región/ las nuestras/ región/ las.

3.2.

PRONOMBRES POSESIVOS

UN POSEEDOR		VARIOS POSEEDORES	
Singular	**Plural**	**Singular**	**Plural**
el mío	los míos	el nuestro	los nuestros
la mía	las mías	la nuestra	las nuestras
el tuyo	los tuyos	el vuestro	los vuestros
la tuya	las tuyas	la vuestra	las vuestras
el suyo	los suyos	el suyo	los suyos
la suya	las suyas	la suya	las suyas

Claves del libro del alumno

4. **4.2.** Siemens: compensaría, tenía, invertiría.
El sector del renting: había crecido.
El ICEX y las Cámaras de Comercio: analizaban.

4.4.

Tiempos verbales del mensaje original	Tiempos verbales del mensaje emitido en el pasado y reproducido
1. • Presente ⟶	• Pretérito imperfecto
2. • Pretérito indefinido ⟶	• Pretérito pluscuamperfecto
3. • Futuro ⟶	• Condicional

5. **5.1.** **Problema:** La falta de gestión profesionalizada.
Solución: Tener socios y consejeros independientes; Tener socios externos.

Problema: La falta de acuerdo entre los descendientes.
Solución: Aprobar un protocolo que regule la sucesión y darle forma jurídica.

7. 1. para; 2. (1) de (2) en; 3. (1) de (2) para (3) a (4) a; 4. por; 5. (1) en (2) en.

10. **10.3.** 1.F; 2.F; 3.F; 4.F; 5.V.

Hispanoamérica

1.

En España se dice...	En Venezuela se dice...
Impuesto al valor añadido (IVA)	Impuesto al valor agregado (IVA)
El equipo de dirección	La plantilla directiva
Sector	Rubro
Envío	Comunicación
Reserva	Reservación

2. 1.V; 2.V; 3.F; 4.F; 5.V.

Unidad 7

EMPRESAS PRIVADAS, PÚBLICAS Y ONG

1. **1.2.** Gestionar la contabilidad de la empresa; gestionar líneas de financiación; consultar productos bancarios.

1.3. (1) sea; (2) dé; (3) explique; (4) haga; (5) podamos; (6) vaya; (7) pierda.

2. Sea-ser /Dé-dar/ Explique-explicar/ Haga-hacer/ Podamos-poder/ Vaya-ir/ Pierda-perder.

SER	SEA	SEAS	SEA	SEAMOS	SEÁIS	SEAN
DAR	DÉ	DES	DÉ	DEMOS	DEIS	DEN
PERDER	PIERDA	PIERDAS	PIERDA	PERDAMOS	PERDÁIS	PIERDAN
HACER	HAGA	HAGAS	HAGA	HAGAMOS	HAGÁIS	HAGAN
PODER	PUEDA	PUEDAS	PUEDA	PODAMOS	PODÁIS	PUEDAN
IR	VAYA	VAYAS	VAYA	VAYAMOS	VAYÁIS	VAYAN
EXPLICAR	EXPLIQUE	EXPLIQUES	EXPLIQUE	EXPLIQUEMOS	ESPLIQUÉIS	EXPLIQUEN
VENDER	VENDA	VENDAS	VENDA	VENDAMOS	VENDÁIS	VENDAN
ESCRIBIR	ESCRIBA	ESCRIBAS	ESCRIBA	ESCRIBAMOS	ESCRIBÁIS	ESCRIBAN

Presente de subjuntivo.

-AR: -e; -ER: -a; -IR: -a.

Comprar - yo compre / Invertir – ellos inviertan / Bajar – ella baje/ Subir – él suba/ Reducir - ellas reduzcan / Ofrecer – vosotros ofrezcáis/ Ganar - nosotros ganemos/ Perder- yo pierda/ Diversificar – él diversifique/ Crecer - ellas crezcan.

4.1.

Situación	Información sobre fondos de pensiones	No ha recibido la transferencia y necesita el dinero para pagar la fianza del piso	Reclamación de una comisión	Petición de préstamo personal
Diálogo	3	1	4	2

5. **5.2.** 1b/ 2c/ 3a.

7. 1. (1) de (2) en (3) a (4) en; 2. (1) con (2) en (3) para (4) desde (5) de; 3. (1) de (2) con (3) del (4) de.

Hispanoamérica

1. Caracas/ Mercadeo/ Fundación/ venezolanos/ Pymes/ agenda/ confirmación.

2. 5; 3; 4; 2; 1.

3. M.ª Delia Magaró: ¿El Sr. Iván Naranjo?
Iván Naranjo: Buenos días, Sra. Magaró. Sí, sí soy Iván Naranjo. Bienvenida. ¿Cómo fue el viaje?
M.ª Delia Magaró: ¡Bárbaro!, ¡muy bueno! Quería agradecerle que me haya venido a buscar, es muy gentil de su parte.
Iván Naranjo: Ha sido un placer. Bueno, ahora ¿podemos ir al estacionamiento? Vine en mi carro, Caracas no está lejos de aquí pero se necesita el carro, son aproximadamente 35 minutos...
Iván Naranjo: [En el coche, camino de la ciudad]. Ya vamos a llegar al hotel Caracas

Hilton. Es un hotel muy bueno, está muy bien ubicado, posee vista panorámica al hermoso Parque los Caobos y al imponente Cerro El Ávila.

M.ª Delia Magaró: Perfecto.¿Y está cerca de la oficina?

Iván Naranjo: Sí, sí. El Caracas Hilton se encuentra en el corazón financiero y cultural de la ciudad, ¡está como a 5 minutos caminando! Pero mañana si quiere la paso buscando.

M.ª Delia Magaró: Como quiera, pero no es necesario, puedo dar un paseo.

Iván Naranjo: M.ª Delia, hasta mañana, que descanse.

M.ª Delia Magaró: Gracias. Hasta mañana.

Unidad 8

PROMOCIÓN DE LA EMPRESA: MARKETING Y PUBLICIDAD

1. **1.2.** Precio del stand: 100 euros por día y metro cuadrado.
Servicios adicionales: el teléfono y la conexión a Internet.

2. **2.1.** 1.e; 2.a; 3.d; 4.f; 5.c; 6.b.

3. **3.3.** (...) quiero agradecer (...); Confío en que disfruten(...); (...) podemos establecer el turno de preguntas al final de la presentación; (...) como decía (...); Pueden contactar con nosotros (...); Muchas gracias por su atención.

3.4. a.1,3; b.1,3; c.4; d.2,5; e.6; 7.f.

6. **6.1.** Cuña 1: a. Empresa de servicios.
Cuña 2: f. RENFE.
Cuña 3: e. Un restaurante.
Cuña 4: h. Una asesoría.

7. **7.3.**

Forma	Tiempo verbal
ha sido dedicada	Pasiva en pretérito pefecto
fue inagurada	Pasiva en pretérito indefinido
fue clausurada	Pasiva en pretérito indefinido
ha sido coordinado	Pasiva en pretérito perfecto
es sabido	Pasiva en presente de indicativo

8. 1: a; 2: (1) en, (2) para; 3: (1) por, (2) en; 4: en; 5: (1) con, (2) por.

Hispanoamérica

1. **Zona montañosa:** El centro y el litoral. El país se divide en tres regiones naturales. En primer lugar, los Andes y otras cadenas no andinas al Oeste y al Norte, y elevaciones importantes al Sur. El centro, ocupado por los llanos del Orinoco, en cambio, es una zona ganadera.

   Riquezas del país: En el litoral, en Maracaibo y el golfo de Paria, se encuentran las principales cuencas petrolíferas. Además de los hidrocarburos, el país cuenta con yacimientos de hierro, bauxita, manganeso, oro, diamantes y cromo.

   Problemas ambientales: Entre los problemas ambientales se destacan la deforestación y la degradación del suelo.

   Pueblo: El pueblo venezolano es fruto del mestizaje de europeos, africanos e indígenas. Los aborígenes se estiman en el 7%. Gran número de inmigrantes, sobre todo colombianos, peruanos y ecuatorianos. Las mayores inmigraciones de Venezuela fueron de españoles, italianos y portugueses.

   Religión: Mayoritariamente católica, 92,7%.

   Idiomas: Español, oficial y predominante; 31 idiomas nativos.

   Nombre oficial: República Bolivariana de Venezuela (desde 2000).

   División administrativa: 21 estados con autonomía parcial (incluido el Distrito Federal), 2 territorios federales.

   Capital y otras ciudades: Caracas, 4 500 000 hab. (2000); Maracaibo, 1 249 670 hab.; Valencia, 1 034 033 hab.; Barquisimeto, 692 600 hab.; Ciudad Guayana, 523 580 hab. (1990).

2.

   2.2. 1. El bolívar.
   2. De 8.30am a 3.30pm/ De 8.30 am a 6pm ó 7 pm o más tarde.
   3. Sí.
   4. Mediante retiros totales o parciales en moneda nacional y mediante transferencia o cheque emitido por el banco depositario. Si la cuenta se abre en bancos regidos por la Ley venezolana en el exterior, las cuentas se movilizan mediante cheques librados por el titular de la cuenta.
   5. El Banco Central.
   6. Ninguna, abren a las 8.30 pero cierran más tarde y abren más días a la semana.

EMPRESARIOS Y EJECUTIVOS ESPAÑOLES

1. 1. Mis razones son las siguientes; 2. ¿Qué le parece si nos tuteamos?; 3. ¿Desde cuándo Manuel García es gerente de *Virta*?; 4. ¡Ah, sí!, ¿de verdad?; 5. De acuerdo, me parece bien.

2. 1. 1.estaba/ 2.salió; 2. 1.había visto/ 2.era; 3. había obtenido; 4. 1.llegó/ 2.había ordenado/ 3. había colocado; 5. 1.molestaba/ 2.ha seguido.

3. 1. Desde hace unos 10 años/5 meses controlo la gerencia de servicios.
2. Desde hace unos 10 años/ 5 meses he sentido la necesidad de motivar.
3. Desde hace unos 10 años/ 5 meses he tenido muchas experiencias en mi vida.
4. Desde 2002/ entonces/ mis comienzos controlo la gerencia de servicios.
5. Desde 2002/ entonces/ mis comienzos he sentido la necesidad de motivar.
6. Desde 2002/ entonces/ mis comienzos he tenido muchas experiencias en mi vida.
7. Hace unos 10 años/5 meses inauguré mi primera tienda.
8. Hace unos 10 años/5 meses vendí mi anterior cadena.
9. Hace unos 10 años/5 meses me trasladaron a Valencia.

4. **4.1.** 1. redujo; 2. se encontraba; 3. sintió/sentía; 4. creó; 5. ha sido premiada; 6. era; 7. se ha convertido; 8. decidió; 9. ha triunfado; 10. propusimos; 11. fuimos; 12. reajustamos; 13. supuso; 14. se instaló.

4.2.

1. REDUJO
2. SE ENCONTRABA
3. SINTIÓ
4. CREO
5. HA SIDO PREMIADA
6. ERA
7. SE HA CONVERTIDO
8. DECIDIÓ
9. HA TRIUNFADO
10. PROPUSIMOS
11. FUIMOS
12. REAJUSTAMOS
13. SUPUSO
14. SE INSTALÓ

5. 1. d; 2. a; 3. b; 4. f; 5. e; 6. c.

6.

El directivo o la directiva ha de tener...	El directivo o la directiva ha de ser...
honradez	**honrado/a**
capacidad	capaz
modestia	**modesto/a**
valentía	**valiente**
honestidad	honesto/a
responsabilidad	responsable
cautela	**cauteloso/a**
tenacidad	tenaz
prudencia	prudente
decisión	**decidido/a**
creatividad	creativo/a
constancia	**constante**

7. 1. Cuando el director de ventas entregó el informe de su departamento, su colega del departamento de compras ya lo había dado una semana antes; 2. Cuando despidieron a Pablo Díaz el 14 de junio, a la mayoría de sus compañeros ya les habían despedido; 3. Cuando Rosa Fancí salió de la empresa, el resto de los empleados ya había salido; 4. Cuando la empresa USI decidió comprar unos terrenos en Salvador del Monte, la compañía PLOMO ya los había adquirido a mediados de ese mismo mes; 5. Cuando el año pasado la empresa Funta empezó a exportar a Gran Bretaña, su mayor competidora ya había comenzado a exportar a Gran Bretaña en 2001.

8. 1. d; 2. b; 3. a; 4. c.

9. **9.3.** 1. a; 2. e; 3. c; 4. b; 5. g; 6. d; 7. f.

10.

Frase n.º		
4	**a)**	La compañía Taro cobra unos 1000 euros por recolocación.
2	**b)**	La empresa está especializada en recolocar a personas que han sido despedidas.
5	**c)**	Actualmente, la empresa está implantada ya en varios países de Europa.
1	**d)**	La empresa Taro fue creada por Tomás Arosa.
3	**e)**	Ha conseguido recolocar entre 800 y 1200 personas al año.

Unidad 2

PUNTO.COM

1. 1. entrará; 2. consejos; 3. sería; 4. punto; 5. opinión; 6. detalle; 7. idea; 8. Podrías; 9. interesaría; 10. fijaremos.

2.

A	S	D	V	B	N	M	I	O
Z	B	N	M	I	O	K	D	L
H	J	B	U	S	C	P	I	Ñ
B	U	S	C	A	D	O	R	S
M	I	O	K	J	I	R	E	O
X	C	E	R	E	R	T	C	T
M	N	B	V	C	R	A	C	I
U	P	O	R	A	A	L	I	L
N	M	I	O	L	V	V	Ó	H
G	G	V	E	N	T	A	N	A
C	E	R	G	E	H	H	J	Ñ
Y	P	Á	G	I	N	A	Y	O

3. 1. pasará-tendrá; 2. podría- pondría; 3. hará- será; 4. aconsejarías- preguntaría.

4. Llevan tilde: la sesión, la reunión, la publicación, a continuación, la preparación, la inversión, la gestión, la atención.
No llevan tilde: la asistencia, el usuario, el sector, los costes, las corporaciones, los proveedores, el comprador, el pago.

5.

Apartado	D	Apartado	A	Apartado	C	Apartado	B

6. 1. Frase: Cómo estar presente en Internet es una duda que acecha a la pyme española.
Caja "intrusa": por.
2. Frase:¿Qué compañía me aloja y gestiona las páginas *web* de mi empresa?
Caja "intrusa": os.
3. Frase: ¿Quién me presta un mejor acceso a la red?
Caja "intrusa": cuáles.

7. 1. b; 2. f; 3. h; 4. d; 5. a; 6. c; 7. e; 8. g.

8. 8.1. *Estas pueden ser algunas de las notas, si quieres, puedes ver la transcripción:*
1. España – Europa- profesionales femeninas de un sector compuesto por hombres.
2. hablar con el cliente.
3. BT- comercio electrónico- procesos de gestión en Internet.
4. Internet – gratis – pago por información.
5. diseño página – exceso información – confundir al cliente.

8. 8.2.

	Futuro imperfecto	Condicional simple
1.	X	
2.		X
3.	X	
4.	X	
5.		X

9. 5; 6; 8; 10.

10. Palabras del texto: 12%, 15% ocasiones, miran, llega.
Palabras de la audición: 20%, 50, veces, visualizan, accede.

Unidad 3

RECURSOS HUMANOS: UN ENTORNO LEGAL

1. 1. Comprobar que un concepto lo hemos entendido bien: a, d.
2. Expresar hipótesis: b, f.
3. Dar una recomendación o consejo: c, e.

2. **2.2.** *Deberes del trabajador (imperativos correspondientes a la persona **tú**):*
Cumple...; Sigue....; No realices...; Contribuye...; Respeta...

2.3. *Documento que acompaña la firma del contrato (imperativos correspondientes a la persona **usted**):*
Deberes del trabajador: Cumpla....; Siga...; No realice...; Contribuya...; Respete...
Añadidos de la empresa: Sea...; No revele...; Promueva...

3. 1. en el transcurso de   3. antes de   5. durante
2. justo entonces   4. después de

4. **4.1.** 1 – anual; 2 – diarios; 3 – semanales; 4 – mensuales.

4.2. 1 de enero – c; 6 de enero – a; 17 y 18 de abril – e; 1 de mayo – f; 2 de mayo – b; 15 de mayo – d.

4.3. Enero. Días hábiles: 21; Días naturales: 31.
Abril. Días hábiles: 20; Días naturales: 30.
Mayo. Días hábiles: 21; Días naturales: 31.

5. 2. Si llama Carolina Pinedo, pídele el envío del presupuesto por fax.
3. Si llama Enrique Hurtado, concierta la cita con él en el *Liber*.
4. Si hay llamadas personales, dales mi número del móvil.
5. Si llama la directora de área, pásame su llamada inmediatamente, por supuesto.

6. Posibles soluciones:
– Fíjese si es una persona que tiene capacidad de atención y concentración.
– Estudie cómo es la estabilidad emocional del candidato.
– Analice si es una persona más o menos honesta.
– Observe si es una persona con mucha o poca voluntad para hacer su trabajo.

– Preste especial atención a la información sobre la capacidad de adaptación y organización del trabajo.
– No olvide estudiar el grado de responsabilidad.

7. **7.1.** Complemento específico/ Complemento de carrera/ Complemento de puesto.

7.2.

Concepto	% de subida
IPC	3,2
Salario base	3,2
Complemento específico	2
Complemento de puesto - en las catelorías A y B - en las categorías C y D	3,1 3,6
Complemento de carrera	0

8. **8.1.** 1. estilo de dirección; creatividad; equipo de trabajo; empleados; añadir valor; servicio al cliente; organización; actitud positiva.

8.2. a) El buen líder ha de tener en cuenta las opiniones de los otros. b) los estilos de gestión autoritarios fracasan a medio plazo. c) quienes contribuyen más a añadir valor a una empresa son los empleados. d) los equipos de trabajo que están alejados del núcleo de poder son los más imaginativos.

9. **9.1.**

	Imperativos
Conversación 1: felicitaciones navideñas	Coméntaselo
Conversación 2: factura de Página 7	Pásasela. No les des
Conversación 3: ofertas de trabajo	Clasifícalas. No les facilites
Conversación 4: llamadas al móvil	No me llames. Espera

9. **9.2.**

	Imperativos	¿A quién se refieren?	¿Sobre qué tema?
Conversación 1	Coméntaselo	A José Alberto, a Tere, a Angelines y a Álvaro	Firmar las felicitaciones
Conversación 2	Pásasela	A Felipe	La factura de Página 7
	No les des	A los de contabilidad	El dossier del último trabajo
Conversación 3	Clasifícalas	Al interlocutor o a la persona con la que habla	Las cartas de respuesta a los anuncios de trabajo
	No les facilites	A los candidatos o interesados	Información adicional
Conversación 4	No me llames	Al interlocutor o a la persona con la que habla	Pasar llamadas de trabajo

10. 1. a; 2. c; 3. b; 4. d.

	¿De tú o de usted?		¿De tú o de usted?
Anuncio 1	usted	Anuncio 3	tú
Anuncio 2	tú	Anuncio 4	usted

Unidad 4

CULTURA EMPRESARIAL

1. *Para decir algo sin referirte a nadie en concreto*
Uno trabaja mejor...
Se rinde más cuando...
~~Tengo más problemas cuando...~~

Expresar sugerencias y propuestas
Sugerimos volver a la antigua distribución.
Recomendamos leer el manual de procedimiento...
~~Recordamos que ya está tomada la decisión.~~

Referir palabras de un texto o palabras de alguien
Comentar
Contar
Exponer
~~Liderar~~

Dar la enhorabuena
¡Felicidades!
¡Enhorabuena!
~~Lo siento~~

2. Lo más destacado es...; Lo mejor es...; Lo peor es...; Lo bueno es...; Lo malo es...; Lo (más) importante es...; Lo (más) aburrido es...; Lo (más) interesante es...; Lo (más) monótono es; Lo (más) motivador es...; Lo (más) estimulante es...

3.
1. MEJORAR
2. FORMAR
3. PROMOCIONAR
4. FIDELIZAR
5. EVALUAR
6. BUSCAR
7. RENDIR
8. MOTIVAR

4.

4.1. a) aceitunas; b) cerveza; c) tabla de quesos; d) botella de Rioja; e) embutido ibérico; f) frutos secos; g) botella de cava; h) paella; i) pincho de tortilla española; j) refrescos.

4.2. a) En el bar: tabla de quesos, aceitunas, embutido ibérico, pincho de tortilla, cerveza, refrescos.
b) Un aperitivo en la oficina: quesos, frutos secos, embutido ibérico, aceitunas; y, para beber: cerveza, botella de Rioja, botella de cava, refrescos.
c) En el restaurante: paella, botella de Rioja, tabla de quesos, embutido ibérico.
d) Comida rápida: pincho de tortilla española.

5.
- **Pescado:** bacalao, salmón, dorada, merluza.
- **Carne:** lomo de buey, cordero asado, magro.
- **Marisco:** gambas, almejas.
- **Arroces y pastas:** paella.
- **Verduras, legumbres y hortalizas:** pimientos del piquillo, verduras, patatas, judias blancas.
- **Entremeses, entrantes y aperitivos:** queso manchego, embutido ibérico, paté de oca, canapé de caviar, pincho de tortilla, aceitunas, frutos secos.
- **Bebidas sin alcohol:** agua, zumo de tomate, cafés, licores (sin alcohol), refrescos de naranja, limón y cola.
- **Bebidas con alcohol:** cerveza, vino, jerez, cava, licores.
- **Postres:** tarta, helado, surtido de repostería.

6. 1. Cuando; 2. mientras que; 3. como consecuencia; 4. Aunque; 5. a través de; 6. a través de; 7. y; 8. En total.

7. **7.1.** A continuación ofrecemos una posible respuesta:
a) Explica; b) pregunta; c) añade; d) señala; e) afirma.

7.2. Dice: "¿Quién sabe más que los empleados para sugerir mejoras en la empresa?", y también dice: "Nadie mejor que ellos puede ver lo que no funciona y la forma de solucionarlo".

Según dice Jesús Ramiro, presidente del Comité de Participación y Mejora de la Asociación Española para la Calidad (AEC): "La principal ventaja de esta participación es la implicacion real del trabajador en la consecución de una mayor competitividad de su empresa, ya que interviene directamente en su mejora, además de favorecer la comunicación y colaboración entre todos los niveles y miembros de la organización".

8.
a) Sería más adecuado dar las gracias: "Gracias, muchas gracias".
b) Sería más adecuado dar las gracias: "Gracias, muchas gracias".
c) Adecuado.
d) Sería más adecuado dar las gracias: "Gracias, muchas gracias".
e) Adecuado.

9.
a) Motivo de la llamada: Promoción de la hermana a técnico I.
Posible mensaje: ¡Enhorabuena, enhorabuena, enhorabuena! Me alegra muchísimo. Te llamo después. Un besazo.
b) Motivo de la llamada: Cumpleaños de Mariano e invitación a desayunar.
Posible mensaje: Felicidades Marianín. Nos vemos ahora en el desayuno.
c) Motivo de la llamada: Pepa comunica que Luis ha suspendido el examen de conducir y solicita que le llamen para animarle.
Posible mensaje: Luis, que ya me he enterado... No te preocupes, la próxima vez será. Luego te llamo para hablar.

10. **10.1.** a) Encuesta personal sobre cuándo se trabaja mejor.
b) Comentarios sobre el artículo que trata sobre el rendimiento en la oficina.
c) Resultados de la encuesta a la empresa sobre aspectos mejorables.
d) Encuesta sobre lo que opinan los españoles sobre su puesto de trabajo.

10.2.

	Impersonalidad No importa la identidad	Referencia a un grupo determinado
Conversación a		✔
Conversación b	✔	
Conversación c		✔
Conversación d		✔

Unidad 5

IMAGEN DE MARCA Y SECTORES ECONÓMICOS

1.

1.1. 1. A decir verdad, (...); 2. Si tú lo dices...; 3. Por lo menos...; 4. A mi juicio...; 5. No es para tanto.

1.2. 1. *Expresar alivio*: Por lo menos...; 2. *Exponer las razones de algo*: A decir verdad, (...); 3. *Dar la opinión*: A mi juicio...; 4. *Quitarle importancia a algo*: No es para tanto; 5. *Expresar desconfianza*: Si tú lo dices..

2. 1. varias; 2. cierta; 3. algunas; 4. otras; 5. nadie; 6. todas; 7. mismo; 8. otros; 9. todo; 10. ninguna.

3. 1. La industria del tabaco, de la que dependen 140 000 empleados, tiene ante sí un gran reto; 2. El sector bancario, que prevé introducir unos cambios para activar el panorama actual, cerró el último año con grandes problemas; 3. La feria FITUR, por la que pasan cada año más de dos millones de visitantes, pone de manifiesto la necesidad de ampliar esfuerzos para aumentar la calidad; 4. El sector inmobiliario y de la construcción, que es observado con atención por otros países europeos, está movido; 5. Las tiendas Intermón Oxfam, que han aumentado su facturación un 25%, han vendido, esta Navidad, más de un millón de euros en productos de comercio justo.

4. En los puntos 2, 3, 4 y 5 se pueden intercambiar sus respuestas, al igual que en los puntos 1, 6 ,7 y 8.

	Síntomas negativos	Síntomas positivos
1. Lo elemental es...		saber compartir los logros
2. Lo difícil es...	carecer de improvisación	
3. Lo desastroso es...	tener una visión localista	
4. Lo inaceptable es...	sobrevalorar los puntos fuertes	
5. Lo verdaderamente terrible es...	carecer de empatía	
6. Lo más importante es...		tener gran capacidad para enfrentarse a situaciones difíciles
7. Lo relevante es...		tener capacidad de comunicación
8. Lo realmente básico es...		reconocer los méritos de los subordinados

5. 1. con el que; 2. el que; 3. el que; 4. que; 5. en el que; 6. que; 7. de los que; 8. de que; 9. que.

6. turismo; comunicación; automoción; farmacéutico; inmobiliario.

7.

galardón	labor	solidario	cargo	estrategia	pionera	compañía
5	1	4	7	6	2	3

8. **8.2.** 1. penetración; 2. aplicaciones; 3. adecuarse; 4. crecimiento; 5. usuarios; 6. aumentos; 7. gestor; 8. filiales.

9. **9.1.** 1. ¿El RACC es una empresa de servicios?
2. ¿Cómo encontrar el equilibrio en la eficacia empresarial?
3. ¿Cuál es el secreto de su éxito?
4. Alusión al crecimiento medio anual y a la ausencia de ánimo de lucro.
5. Pregunta sobre el crecimiento y expansión en España.

9.2. 1. ha creado un grupo de quince empresas de servicios para el socio.
2. los recursos de la propia entidad.
3. ante todo, mimar la fidelidad.
4. el aumento ha sido progresivo.
5. mantener la calidad que se espera de nosotros.

Unidad 6

PYMES

1. **1.1.** 1. b; 2. g; 3. c, e; 4. f; 5. a, h; 6. d; 7. i.

1. C R E C I M I E N T O
2. C O M P E T I T I V O
3. E M P R E N D E D O R
4. P R O M O C I Ó N
5. S U P E R A C I Ó N
6. S U B V E N C I Ó N
7. P L A N I F I C A C I Ó N

3
1. La mía/ la nuestra
2. La nuestra
3. La vuestra
4. La tuya
5. La mía

4 **4.1.** 1.e; 2.c; 3.a; 4.b; 5.d.

4.2.

Verbo del estilo indirecto (tiempo y persona)	Verbo del estilo directo (tiempo y persona)
Ejemplo: **1.** Sería - condicional simple	Será - futuro - él/ella/usted
2. Querían - imperfecto de indicativo - ellos	Queremos - presente de indicativo - nosotros
3. Habían estado - pretérito pluscuamperfecto - ellos	Hemos estado - pretérito perfecto - nosotros
4. Iban - imperfecto de indicativo-ellos	Vamos - presente de indicativo - nosotros
5. Eran - imperfecto de indicativo-ellos/ellas/ustedes Creaban - imperfecto de indicativo-ellos/ellas/ustedes Carecían - imperfecto de indicativo-ellos/ellas/ustedes	Son - presente de indicativo - ellos/ellas/ustedes Crean - presente de indicativo - ellos/ellas/ustedes Carecen - presente de indicativo - ellos/ellas/ustedes

5.

1. liquidez	3. puestos	5. Tener	7. Ambiente
2. generacional	4. Superar	6. largo	8. emprendedores

6.

Párrafo 1	Párrafo 2	Párrafo 3	Párrafo 4	Párrafo 5	Párrafo 6	Párrafo 7
A	C	D	B	F	E	G

7. **7.1.** Diálogo 1: Expresa acuerdo total.
Diálogo 2: Expresa acuerdo parcial.
Diálogo 3: Expresa acuerdo total.
Diálogo 4: Evita dar la opinión.
Diálogo 5: Le quita importancia.

7.2. Diálogo 1: Estoy totalmente de acuerdo contigo.
Diálogo 2: No sé, yo, no estoy del todo de acuerdo, creo que...
Diálogo 3: Tienes razón.
Diálogo 4: Yo no estoy seguro, tendría que pensarlo con más calma, prefiero no opinar...
Diálogo 5: No te enfades, no es para tanto, si...

8. A. Permite por primera vez desarrollar las relaciones públicas a unos costes asequibles.
B. 1. La elaboración de notas de prensa y de *dossieres* de prensa; 2.la gestión de entrevistas; 3. la difusión de información a los medios de comunicación.
C. 1. Artículos sobre estrategias de comunicación; 2. Casos prácticos de relaciones públicas.

9. a. Falso   c. Verdadero   e. Verdadero
b. Verdadero   d. Falso   f. Falso

10.

10.1. 1. invierten; 2. han perdido; 3. nace; 4. firmará; 5. son, dispone, tiene; 6. ha impulsado, entrarán, accederán.

10.2.
1. Invertían
2. Habían perdido
3. Nacía
4. Firmaría
5. Eran
6. Disponía
7. Tenía
8. Había impulsado
9. Entrarían
10. Accederían

Unidad 7

LA BANCA Y LA BOLSA

1.

1.1. a) 3; b) 4; c) 2.

1.2. a) Me molesta que.../ Expresa insatisfacción o desagrado; b) Me da lo mismo/ Expresa indiferencia; c) Me siento muy contento de que... / Expresa alegría.

2. 1H sea/ 2H tengan/ 3H den / 1V vengan/ 2V salgáis / 3V anden.

3. 1. Es lógico que quiera duplicar su tamaño en tres años; 2. Me parece raro que Cristian Noyer espere ser el nuevo candidato; 3. Es interesante que La Bolsa española presente hasta ahora y con bastante diferencia el mejor balance de las bolsas de Occidente; 4. No es probable que el Banco de Inglaterra rebaje el precio del dinero; 5. Puede ser que el riesgo de las inversiones en Bolsa sea un factor decisivo a la hora de operar en el mercado.

4. 1) extracto; 2) préstamo; 3) crédito; 4) cancelación; 5) interés; 6) reintegro.

5. 1. Pagar los recibos es muy fácil- d) Para no olvidarse de una fecha y pagar con recargo.
2. Poner la libreta al día es muy cómodo- c) Para conocer, en todo momento, los movimientos de su cuenta.
3. Recargar el móvil es un instante- b) Para no quedarse con las ganas de hacer esa llamada.
4. Aportaciones a fondos de inversión y planes de pensiones, ¿porqué no?- e) Para invertir en el futuro, aquí y ahora.
5. Ingresar y sacar dinero- a) Para tener su dinero siempre a su disposición.

6.
1. El ÍBEX 35 es el índice bursátil que agrupa a las 35 empresas más activas en Bolsa española.
2. UN FONDO DE INVERSIÓN es un instrumento de inversión colectiva, es decir, integra el ahorro de muchos pequeños inversores.
3. ACCIÓN: la propiedad de las empresas está dividida en acciones, las cuales representan la parte proporcional de propiedad de la empresa.
4. LA BOLSA es un mercado donde se compran y venden títulos-valores de renta variable y renta fija. Está sometido a una legislación y procedimientos específicos.
5. Comisión Nacional del Mercado de Valores (CNMV) es la entidad que reglamenta, supervisa, controla y, en su caso, sanciona la actividad de los que participan en el mercado.

7.
2. ¿Cuál es la Bolsa más excitante?
3. ¿Qué países invierten más?
4. ¿Cuál es el valor más seguro del mercado español?
5. Conoce a algunas personas arruinadas por la Bolsa?
6. ¿La mejor inversión de su vida?
7. ¿Qué desconocemos los españoles de la Bolsa?
8. ¿Cuál es la inversión más segura y rentable?
9. ¿En qué invertimos los españoles nuestro dinero?

8.
1. financiación; 2. acuerdo; 3. aval; 4. crédito; 5. plan de negocio; 6. microcréditos; 7. autónomos; 8. patrimonio; 9. fondos.

9.
9.1.   1-d; 2-c; 3-b; 4-a; 5-e; 6-h; 7-j; 8-f; 9-g; 10-i; 11-k.

9.2.   bolsas   compras
sector asegurador   acciones (2 veces)
subida   beneficios
caída   revalorizarse

Unidad 8

PROMOCIÓN DE LA EMPRESA: MARKETING Y PUBLICIDAD

1.
Ante todo quiero agradecer a los presentes su asistencia y a los organizadores del congreso el haberme invitado. Hace dos años tuve el placer de dar una charla en esta misma sala en la que traté un tema muy distinto al que nos reúne aquí esta tarde.

Confío en que les resulte útil la presentación que voy a hacer en esta ocasión y ya saben que pueden interrumpirme en cualquier momento para preguntar.

Como decía Eduardo de Prada en su obra *El mejor negocio es el de uno mismo...*

Muchas gracias por su atención, espero que nos veamos en una próxima ocasión.

- **Terminar una presentación:** Muchas gracias por su atención.
- **Citar las palabras de alguien:** Como decía Eduardo de Prada en su obra...
- **Expresar deseo de agradar:** Confío en que les resulte útil la presentación que voy a hacer.
- **Informar sobre el turno de preguntas:** Pueden interrumpirme en cualquier momento para preguntar.

- **Expresar agradecimiento en una presentación o conferencia:** 1) Ante todo quiero agradecer a los presentes su asistencia y a los organizadores del congreso el haberme invitado. 2) Muchas gracias por su atención.

2. 1. tengas; 2. vengas/llegues; 3. reciba; 4. escribas; 5. necesite; 6. inviten; 7. te enteres; 8. llegue; 9. vaya; 10. finalice.

3. **Marketing:** gama de artículos, marca blanca, estudio de mercado, precio de lanzamiento, perfil del consumidor, sondeo, investigación del consumidor.
Publicidad: anuncio, campaña publicitaria, agencia de publicidad, impacto, folleto, lema, tríptico.

4.
a) No tenemos preparada la reunión, por lo que tendremos que aplazarla hasta la semana que viene.
b) Nos ha sido imposible encontrar un portátil, o sea que tendremos que intentar hacer fotocopias de la presentación para que la puedan seguir.
c) Nos han asignado un equipo de cinco personas, por lo tanto podemos reducir los tiempos asignados al proyecto.
d) El congreso empieza el miércoles, o sea que hay que darse prisa para tener a punto la documentación.
e) Esperamos una visita de diez personas, por lo tanto es mejor reservar mesa si queremos comer a las dos.
f) El señor presidente no podrá asistir a la reunión, por lo tanto tendremos que aplazar la reunión.

5.

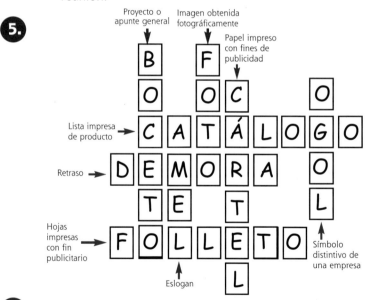

6.
b) La empresa de servicios que ocupaba el n.º 3 en su sector fue vendida por diez millones de euros.
c) El anuncio de Asesoría Total ha sido introducido en las tres guías del ocio de la ciudad para tener mayor alcance.
d) La mayor demanda de servicios a domicilio fue generada por los ejecutivos de ambos sexos.
e) Una empresa de servicios que nació hace dos años y medio ha sido comprada por una multinacional española.
f) La exposición de pinturas que tenía como motivo las plantas ha sido coordinada por doña Luisa G. Bonet.

7. **7.1.** a) Todo Hecho: texto 3; b) Taberna Degustación: texto 1; c) Asesoría Total: texto 2.

7.3. *Taberna Degustación:* ha sido introducido; ha sido galardonado; fue recogido.
Asesoría Total: fue lanzado; fue respaldado; han sido requeridos.
Todo hecho: ha sido comprada; fue sucediendo; ha sido generada; fueron llamando.

8. **8.1.** Maqueta; efecto final; pendiente; diapositiva; cartas; estrategias; planear.

8.2. No entiendo cómo: b
Lo que lamento muchísimo es que: e
Qué raro que: d
Sí que me extraña: d.
Les va a resultar increíble que: a
No te entiendo: c

9. **9.1.** a) 1000 millones de euros.
b) los cosméticos, la joyería, los productos para el cuidado personal y el menaje del hogar.
c) 88 000
d) 92%
e) Cataluña, Andalucía y Madrid.

9.2.

Texto	Audición
Incluso,	De hecho
a pesar de que	aunque
debido a	gracias también a
y tan solo	mientras que solo
Pero	Sin embargo
en este momento	Ya

Transcripciones:

libro del alumno
libro de ejercicios

Unidad 1

EMPRESARIOS Y EJECUTIVOS ESPAÑOLES

1.1. GRABACIÓN 1

A.

En 1957, en Valencia, hace ahora más de 40 años, inauguré mi primera tienda, un pequeño local en alquiler que servía, sobre todo, para dar a conocer el producto y contactar con otros fabricantes.

Un año más tarde, realicé mi primer viaje al extranjero, mi destino fue una feria en Alemania, donde me trasladé con mis hermanos. El maletero del coche iba lleno de figuras pero no vendimos ninguna. Como consuelo nos trajimos del país un mejor conocimiento de los sistemas de producción alemanes.

Desde entonces, he tenido muchas experiencias en mi vida y he llegado a la conclusión de que si una persona es trabajadora, apasionada y le gusta hacer cosas por los demás, seguro que no le parece un sacrificio ejercer el oficio de empresario.

B.

La estructura del grupo está formada por un director general, que es de la familia, y cinco gerencias distintas. Hace unos años llevé la gerencia de servicios y relaciones públicas para el accionariado.

Ser una empresa familiar supone que todo su accionariado debe ser familia, por lo tanto, hay que promover buenas relaciones entre nosotros.

Mi equipo y yo nos ocupábamos de las inquietudes de ese accionario que está formado por 170 accionistas y 450 miembros de la familia. Formamos un grupo bien cohesionado que ayudaba a aconsejar a nuestros accionistas y miembros sobre el cómo, el dónde y el cuándo invertir; era como una oficina en la que se hacían inversiones. Sin embargo, mi preocupación también se centraba en conseguir rentabilizar las bodegas que tenemos y, por ello, decidí alquilarlas los fines de semana a cualquier compañía que deseaba organizar algún evento en nuestras instalaciones. Tuvimos mucho éxito con esta idea.

C.

Una de mis características profesionales es que me gusta controlar hasta el más mínimo detalle y delegar lo menos posible, y eso lo llevo haciendo desde hace muchos años. Todas las prendas que se fabricaban en mis talleres pasaban por mis manos y las supervisaba detalladamente, lo que todavía hago. Para mí no hay horarios y todo gira en torno al negocio.

Me gusta contagiar entusiasmo al medio centenar de personas que trabajan conmigo. Desde mis comienzos en este sector siempre he sentido la necesidad de motivar e ilusionar.

D.

Soy muy lanzado y positivo, nunca me ha importado correr ciertos riesgos. Claro que he pasado momentos muy difíciles, pero siempre he salido fortalecido de ellos. Por ejemplo, cuando compré mi primera empresa no sabía muy bien lo que compraba porque era una compañía declarada en quiebra, pero yo tenía que transportar viajeros durante el verano y no me quedaba más remedio que comprar la empresa si quería hacerlo.

3.1. GRABACIÓN 2

Gabriel Barceló, presidente del grupo del sector turístico Grupo Barceló.

Nació a finales de los años veinte, en Palma de Mallorca.
Comenzó a trabajar con su padre, muy joven, cuando tenía 11 años.
En 1954, montó su primera oficina de viajes.

En aquel entonces, sólo tenía dos empleadas en la modesta oficina; una de ellas sabía idiomas y atendía a aquellos primeros turistas extranjeros que empezaban a llegar a Mallorca.
En los años sesenta, Viajes Barceló diversificó el negocio y construyó sus primeros hoteles.

Buenos días, Sr. Barceló.

4. **4.1.** GRABACIÓN 3

1. Luis: ¿Qué le parece si nos tuteamos?
Fernando: De acuerdo, me parece bien.
Luis: Así es más fácil para poder mantener una charla informal.

2. Valentín: ¿Qué me cuentas, Rafael? Hace tiempo que no sé de ti, creo que la última vez que nos vimos fue en Bilbao, ¿no es así?
Rafael: Sí, tienes razón, fue en la inauguración de la exposición de Chillida. Ahora estoy dedicado de lleno a un proyecto...

3. Paloma: ¿Le apetece un poco más de cava?
Joaquín: Encantado, hace tiempo que no tomaba un cava tan exquisito, ya sabe ahí en Los Ángeles...

4. Jesús: ¿Por qué no intentamos tener una colaboración en algunos proyectos que pueden darnos bastantes beneficios?
Isidoro: Lo siento. Me gustaría mucho, pero ya sabes que en nuestra empresa todo está muy controlado, y vamos a seguir así.

5. Pilar: ¿Desde cuándo estás trabajando en este proyecto?
Santiago: ¡Uy! Llevo un montón de meses diseñando los planos y ahora ya por fin nos vamos a poner manos a la obra.

6. Emilio: ¿Sabes si Luis y Josep están preparando un viaje de empresa a Cuba?
Ana: Pero, Emilio, ¿qué dices? No tengo ni idea de lo que me hablas. ¿No estarás equivocado?
Emilio: Perdón, me he confundido. Quería decir a Perú.

7. Beatriz: El otro día estuve en la presentación del libro *El bosque del líder* de Juan Carlos Cubeiro. Fue muy interesante y el autor me parece un gran conocedor del mundo de los negocios.
Luis: ¿Ah, sí?, ¿de verdad?

8. Amparo: ¿Cómo te va la vida?
Iñaki: No puedo quejarme, últimamente estoy entrevistando a personajes del mundo de la empresa familiar, y todo lo que me cuentan me parece interesante.
Amparo: ¡Uf! A mí me da la impresión de que todos dicen lo mismo.

5. **5.3.** GRABACIÓN 4

Entrevistador: No es muy común ver a mujeres en la estratosfera de las consultoras, sinónimo de señor con traje y maletín de ejecutivo.
Almudena Alonso: Sí, ésa es la realidad. Esta profesión requiere muchas horas y mucho tiempo fuera de casa. Cuando eres soltera y joven estás encantada. Después, cuando la vida se estabiliza, es muy complicado estar fuera. Tradicionalmente, la mujer decide ralentizar su carrera a cambio de estar también en casa, lo que es absolutamente gratificante.
E: Adivino una balanza bastante equilibrada entre su vida privada y la profesional.

A. A.: Mi vida personal es absolutamente prioritaria. Cuando estoy toda la semana en Madrid, aprovecho para sacar tiempo para mí.

E: Y cuando está fuera, ¿cómo se organiza?

A. A.: Yo suelo pasar dos días en Madrid y tres en el extranjero. La tónica cuando viajo es reunión –¡cuánto tiempo se pierde en ellas!–, comida, reunión y cena de trabajo.

E: ¿Para aprovechar mejor el tiempo prefiere el horario español o el internacional?

A. A.: El español, sin duda. Me permite estar un poco más relajada a la hora de madrugar. En la comida, aunque puede ser de trabajo, se rompe un poco el ritmo. Es más ritual: se elige el vino, se charla... y sólo a los postres se empieza a hablar de trabajo.

E: ¿Se ve capaz de abandonar su carrera por volver al hogar?

A. A.: No sé, aunque entiendo a las mujeres que lo hacen. En nuestra empresa se está aplicando la fórmula americana del *life style*, que consiste en una reducción de jornada para ejecutivas muy valiosas. Así no tienen que verse obligadas a elegir entre vida privada o profesional.

E: Cuando se siente agobiada, ¿cuál es su oasis?

A. A. Pienso en mi casa. Es el sitio donde me gusta estar, porque ahí tengo todo lo que quiero.

7. **7.1. y 7.3.** GRABACIÓN 5

Jesús estaba a punto de abandonarlo todo. No había conseguido igualar a su antecesor, a Leopoldo, en los resultados del departamento. Y, lo que era peor, las fugas de su equipo habían sido masivas: de las once personas que le reportaban a él directamente desde hacía dos años, cuando tomó las riendas, apenas quedaban cuatro. El mismo año, a uno le habían jubilado anticipadamente y a otro le habían despedido. Tres se habían ido en el primer trimestre a proyectos fuera de la sede central y a otros dos les habían ascendido y ya no estaban en su departamento.

El conocimiento y la cohesión del equipo que todo el mundo había considerado un gran logro, habían desaparecido.

Tenía 45 años y, hasta entonces, Jesús Bauluz había sido un profesional de enorme éxito, sin embargo, algo estaba fallando ahora.

Hispanoamérica

1. GRABACIÓN 6

MD: Hola, Rodrigo, ¡qué bueno que llegaste! ¿Cómo te fue?

RDS: Hola María Delia, han sido muchos días pero muy rentables. Nuestros socios en Argentina y México me han gustado, he contactado con gente de diferentes sectores económicos y todos muy interesados en nuestro programa de formación, ahora te cuento... ¿Y por aquí, qué tal?

MD: Acá, ¡bárbaro! Ya firmamos el contrato con los candidatos que vos entrevistaste por teléfono, de ahora en más nos van a contactar para trabajar con Pablo Daniel Galán en la Argentina y con Ligia Noriega en México. ¡Esto ya camina!

RDS: Estupendo. Es importante hacer el seguimiento de lo que hemos hecho en los dos países y ayudar a abrir mercado para apoyar el trabajo de nuestros socios y nuestros gerentes. ¿Puedes hacer un seguimiento de la información que te envié sobre algunos empresarios y empresarias que me parecieron interesantes?

MD: Sí, sí, de acuerdo. En relación a esto, elaboré un *dossier* con posibles clientes de diferentes rubros en los dos países que voy a visitar. Luego de nuestra reunión voy a enviárselo.

RDS: Perfecto, ¿y tu próximo viaje?, ¿cómo va la preparación?

MD: Bien, no tenés que preocuparte. El martes salgo para Chile y me encuentro allá con Federico Ferrarese; después asisto a la Feria de Business-Formación y...

RDS: Bien, bien...

Unidad 2

PUNTO.COM

 2.1. GRABACIÓN 7

Recordamos a continuación las noticias más importantes del programa de hoy... ¡Ha llegado el momento de los titulares...!

▷ El próximo año, la región Asia-Pacífico supondrá un 37% del total mundial de internautas.

▶ Próximamente, las ventas de música en MP3 u otros formatos similares alcanzarán los 26 millones de dólares frente a los 3,3 millones del año pasado.

▷ Dentro de dos años, el comercio electrónico mundial (incluidos B2B y B2C), llegará a los 6,8 billones de dólares.

▶ Durante los próximos tres años, el mercado B2B europeo moverá 900 millones de euros. Los *marketplaces* se asegurarán el 6% de esta cantidad.

▷ Y en el reportaje, Nuria Lledó, directora general de MMXI Europe España, ha afirmado que: "las .com españolas tendrán, dentro de 5 años, los problemas que tienen hoy en EE.UU."

Esto ha sido todo por hoy. Ya saben nuestra próxima cita será en 7 días. Les esperamos el próximo jueves aquí, en Radio Punto COM.

 3.2. GRABACIÓN 8

Diálogo 1.

Pablo F.: ¿Qué os parece si empezamos por el proyecto de Marta?

Inés A.: Sí, muy bien. Marta, para mí tiene una dificultad visual: tanto color azul... y la utilización del rojo y, no sé...

Marta S.: Ya te entiendo, sí claro, pero es un color corporativo que los compradores asocian a "fresco".

Inés A.: Ya pero, yo cambiaría el color del fondo, pondría otros azules más suaves, yo que tú, combinaría colores azules en toda la página.

Marta S.: Buena idea, y una pregunta, ¿vosotros usaríais la fuente Comic Sans?

Pablo F.: Yo no, ya sabes que a mí me gusta utilizar un solo tipo de fuente, yo escribiría la información con una sola fuente.

Marta S.: Muy bien.

Inés A.: ¿Qué lenguaje utilizarás?

Marta S.: Hemos pensado en DHTML, el HTML dinámico, pero da problemas con los usuarios que utilizan Nestcape, ya veremos... Creo que sería mejor utilizar una programación orientada a compatibilizar el uso entre navegantes.

Diálogo 2.

Pablo F.: A mí me gustaría saber vuestra opinión sobre esta página. Tengo problemas, no lo veo claro. Creo que un listado de los productos, ¡tan largo y sin enlaces!, ¡como mínimo debería tener alguno de ellos! Esta página no ayudará a nuestro cliente a vender más.

Marta S.: Tienes razón, yo que tú, incluiría enlaces o marcaría las novedades o...

Inés A.: Estoy de acuerdo, sería mejor incluir algún botón visual. Yo en tu lugar, hablaría otra vez con el cliente para saber qué productos quieren destacar en su página.

Diálogo 3.

Marta S.: Mis dudas van en dirección contraria a las de Pablo. Desde mi punto de vista, en mi diseño tengo demasiada imagen.

Pablo e Inés: Sí, sí, tienes razón.

Pablo F.: Yo reduciría la información...

Inés A.: Me parece que es una página demasiado ambiciosa y podría llegar a confundir al visitante, hay un exceso de información.

Marta S.: Muy bien. Coincidimos. Bueno, pues seguimos trabajando en los proyectos y nos vemos en la próxima reunión con las novedades. ¿Vale?

Pablo F: Muy bien.

Inés A.: Perfecto.

 6.1. GRABACIÓN 9

Conversación con Telefónica Data

Gerente: Buenos días, tengo algunas dudas sobre el servicio de Internet que ustedes ofrecen y...

Telefónica: Sí, dígame, ¿qué desea saber?

Gerente: Por ejemplo, si... ¿es gratis Internet?

Telefónica: No. La opinión de que Internet es gratuita está muy extendida y no es correcta. El servicio tiene tarifa plana, es decir, se paga una cuota fija al mes, independientemente del servicio usado, volumen de información transmitido o la distancia al servidor que se acceda.

Gerente: También, relacionado con el costo, ¿pagaré algo por tener direcciones IP?

Telefónica: Hoy por hoy, tener direcciones IP es gratuito. En cambio, ES-NIC, registro delegado de nombres de dominio bajo ".es", cobra una pequeña cantidad por el alta y el mantenimiento de los dominios. Además, Telefónica Data realiza de forma gratuita las gestiones para dar de alta el dominio y el bloque de direcciones que el cliente requiera.

Gerente: ¿Es obligatorio el alquiler o compra del *router* a Telefónica Data?

Telefónica: Para el servicio de Acceso a Internet, no es necesario. El cliente puede tener un *router* propio. En este caso, la instalación, configuración y mantenimiento corre a cargo del cliente. Y en caso de problema o avería del *router* no se considerará como indisponibilidad del servicio.

Gerente: Y, por último, ¿qué necesita una empresa para poder tener acceso a Internet?

Telefónica: En general, si la empresa sólo quiere acceder a Internet (no prestar servicios), necesita:
Línea de acceso Frame Relay.
Un *router*.
Un rango de direcciones IP.
Un nombre de dominio.
Y un Servidor primario de DNS y cuentas de correo: en servidor propio o subcontratado a Telefónica Data.

Gerente: Pues, muchísimas gracias.

Telefónica: A usted por confiar en nosotros. Buenos días.

Conversación con IGNITE BT

Gerente: Buenos días, hemos tenido a su vendedor en nuestra empresa pero quisiera aclarar algunas dudas sobre el servicio de Internet que ustedes ofrecen, y...

IGNITE BT: ¿Sí, dígame?, ¿en qué puedo ayudarle?

Gerente: Por favor, podría aclararme, ¿cómo puedo configurar mi conexión a Internet con BTLink?

IGNITE BT: Podrá configurar su acceso a través del CD de configuración que se le enviará junto a la carpeta de bienvenida, o bien a través del *Call Centre*, que le ayudará con el teléfono gratuito 1432, su servicio de Atención al Cliente.

Gerente: Si me doy de alta en el servicio básico, ¿cuándo podré utilizar el servicio?

IGNITE BT: Inmediatamente. En cuanto se configure la conexión y las cuentas de correo en nuestro sistema, BTLink estará listo para ser usado.

Gerente: ¿Puedo conectarme desde el extranjero?

IGNITE BT: Próximamente y gracias a la red de *Concert*, la alianza entre Ignite BT y AT&T, usted podrá usar su conexión BTLink en más de 140 países, que le permitirá viajar al extranjero sin preocuparse de su acceso a Internet.

Gerente: Y ya la última pregunta, ¿puedo conectarme con RDSI a 128K?

IGNITE BT: Sí. La tecnología de la red *InterPista* le permitirá navegar por Internet con una conexión Multilink, para conseguir una velocidad de conexión de hasta 128K.

Hispanoamérica

1. GRABACIÓN 10

Maria Delia, al habla Vittorio Desormeaux, buenos días.
Tenemos gran interés en contactar con ustedes. María Delia, recibimos con gran satisfacción su idea. Como ya sabrá, en el plan de mejoramiento y crecimiento de nuestra empresa planeamos orientarnos hacia los navegantes de Internet. Nuestros inversionistas nos piden crecimiento y una reorientación hacia el B2B.
Estamos en contacto con ENTEL para todo el soporte tecnológico como el equipamiento computacional, el arriendo de equipos, etc., nuestro deseo sería tener un portal de turismo propio, pero también ofreceremos programas de formación y, mediante el servicio de ENTEL TECNOEMPRESA, nuestros clientes obtendrán conexión al sitio www.cursosonline.cl, para bajar el curso "Administrando su empresa" y un 20% de descuento en los cursos dictados por la facultad de Ciencias Económicas y Administrativas de la Universidad de Chile, en su programa para empresas.
Ustedes podrían ser nuestra puerta de entrada en otros mercados y nosotros su puerta de entrada a nuestro país.
Las cifras oficiales son bien interesantes, se estima un crecimiento del 3% para este año, lo cual se ve ratificado por el Banco de Santander que proyectó un 2,9%. En otro orden, importantes economistas prevén otra baja de la tasa de interés.
Espero noticias suyas para organizar la agenda de su viaje.
Un saludo cordial.

3. GRABACIÓN 11

– Este es el contestador del Sr. Desormeaux. Deje su mensaje después de la señal.

Señor Desormeaux, gracias por su mensaje, es de gran interés.
Llegaré a Santiago de Chile el miércoles 15 en la tarde.
Me reuniré con ustedes en la mañana, en las oficinas de su empresa ubicadas en el centro de Santiago.
Sería de interés para nosotros visitar las instalaciones de alguno de sus hoteles ubicados cerca de Santiago.
48 horas más tarde partiré hacia Puerto Rico.
Un saludo y hasta el día 15.

Unidad 3

RECURSOS HUMANOS: UN ENTORNO LEGAL

1. **1.2. y 1.3.** GRABACIÓN 12

Angelines: ¿Sí, dígame?
Jorge: Hola, buenos días. Quería hablar con doña Angelines Asensio Romo.
Angelines: Sí, soy yo.
Jorge: Llamo de la empresa *Mueble y Confort*. Le paso con la jefa de recursos humanos. Un momento, por favor.
Marina: Buenos días, doña Angelines.
Angelines: Buenos días.
Marina: Usted hizo una entrevista con nosotros el día 15 de marzo para el puesto de jefa de ventas de nuestras tiendas de Castilla-León. Pues, ¡enhorabuena! Ha sido seleccionada.
Angelines: ¡Ah, qué alegría! Muchas gracias por avisarme tan pronto.
Marina: Sí, como le comenté en la entrevista, tenemos mucho interés en su incorporación inmediata, lo más pronto posible.
Angelines: Sí, sí, no hay problema.

Marina: Los pasos que tiene que seguir son los siguientes. Va a recibir un telegrama confirmando la selección. En ese momento, llámenos para concertar la cita. Mientras, prepare los documentos que vamos a necesitar para la firma del contrato. Traiga su DNI y no olvide la cartilla de la Seguridad Social.

Angelines: Estoy recibiendo la prestación por desempleo. ¿Tengo que llevar algún papel del INEM?

Marina: Sí, si es así, precisa la tarjeta del INEM actualizada. Ah, recuerde traer el número de cuenta para el ingreso de la transferencia.

Angelines: Muy bien, de acuerdo. Tendré lista toda la documentación que me ha indicado.

Marina: Muchas gracias y, de nuevo, bienvenida.

Angelines: Gracias a ustedes, adiós.

Marina: Adiós.

5.

5.4. GRABACIÓN 13

Inmaculada: ¿Sí, dígame?

Adrián: Hola Inmaculada, soy Adrián, de logística.

Inmaculada: Hola, Adrián, ¿cómo estás?

Adrián: Bien, gracias. Mira, te llamo porque hay un par de cosas que me resultan extrañas en la nómina.

Inmaculada: Cuéntame.

Adrián: Sí, mira, una es sobre el complemento de carrera, que aparece con el mismo saldo que antes de aplicar la subida. ¿No es correcto, verdad?

Inmaculada: Un momentito, déjame que lo mire en el ordenador. A ver... A ver... Pues, está correcto. Sí, efectivamente, es correcto. El complemento de carrera experimenta una subida si se han cumplido los objetivos en cada caso. Es decir, es un aspecto que se evalúa individualmente y cuya aplicación tiene una periodicidad bianual.

Adrián: ¡Ah! Ahora que lo dices, me suena bastante, estaba así explicado en el convenio, pero me había olvidado completamente. Perdona, no me acordaba.

Inmaculada: No te preocupes, tú pregunta lo que no te quede claro.

Adrián: Gracias Inmaculada, siempre tan amable. Tengo otro tema, esto supongo que está bien, pero... Según el convenio colectivo, la subida es de un 17,5%, ¿no puede haber un error en mi nómina?

Inmaculada: Ah, sí, la sensación de que percibes menos subida de sueldo es porque también se ha incrementado el IRPF, exactamente, te lo digo ahora... En tu caso, ha subido 4 puntos, pero, sí, por supuesto, se te ha incrementado en un 17,5% el salario base y el complemento de los trienios o el de antigüedad, que es lo mismo.

Adrián: Vaya, muchísimas gracias.

Inmaculada: De nada. Llama siempre que tengas cualquier duda. Para eso estamos.

Adrián: Gracias. Hasta luego.

Inmaculada: Hasta luego, Adrián.

Hispanoamérica

1. GRABACIÓN 14

Otras noticias de interés:

• La nueva ley del gobierno 19.729 establece nuevos sueldos y asignaciones.
  El ingreso mensual mínimo imponible para trabajadores de 18 años o más de edad será de 105 500$ y el sueldo vital mensual, 15 718$.
  La ley 19.19.649 del gobierno establece que la asignación familiar para cantidades mayores a 328 232$ es de 0$.

• El gobierno de nuestro país, junto con las compañías de salud privadas, estudian la remodelación de la tarjeta de la ISAPRA y de los planes de jubilación. Parece ser que el AFP (Asociación de Fondos de Pensiones) también será revisado. Tras el verano se anuncian cambios.

• Los representantes sindicales anunciaron ayer el inicio del estudio y negociaciones para la disminución del número de horas semanales, que en nuestro país es de 48 horas.

• El presidente de Argentina, anunció...

Unidad 4

CULTURA EMPRESARIAL

1. 1.2. GRABACIÓN 15

Luis: Carlota, si alguien te dice que hay una empresa en la que "ascender es cosa de cada empleado", ¿qué es lo primero que te viene a la cabeza?

Carlota: Pues... déjame pensar. Ya está: quiero ir a esa empresa o... mejor aún, adoptar su sistema de promoción. ¿Qué empresa funciona así?

Luis: Danone. Mira, lo venía leyendo en un artículo de *Actualidad económica*. Dice, textualmente, "determinada la categoría a la que cada trabajador pertenece y conocidas las competencias requeridas para ascender de puesto, la decisión voluntaria de ascenso corresponde a cada empleado".

Carlota: ¡Uyyyy! Eso tiene truco, ¿quién no va a querer ascender y mejorar?

Luis: Bueno, escucha lo que se dice en un párrafo más abajo: "Cualquiera tiene acceso a ello, pero hay dos pasos intermedios y obligatorios: la formación teórico-práctica por módulos –en horas casi siempre extralaborables– y la posterior obligación de ser evaluado por mandos de la empresa".

Carlota: ¿Y esto ha tenido buenos resultados entre los empleados?

Luis: Sí, ya lo creo que sí. El jefe de relaciones laborales y sociales comenta en el artículo que ha supuesto una auténtica revolución cultural, y añade que un 14% de la plantilla se apuntó en la primera promoción.

Carlota: La verdad es que suena fenomenal, así se motiva a los empleados y se los fideliza, a cambio, la empresa ha ganado en racionalización del trabajo y en formación y reciclaje de su propio personal.

Luis: Efectivamente, dice que esperan compensar con los resultados la complejidad inicial de este diseño. Estas iniciativas tienen que extenderse, por lo menos a nuestra empresa, ¿no?

Carlota: Sí, eso.

6. 6.2. GRABACIÓN 16

David: Tenemos que tomar una decisión sobre la celebración de la "Mejor idea del año". ¿Habéis pensado algo?

Juan Pedro: Yo no he tenido mucho tiempo. Pensaba dedicarme a ello la semana que viene.

Olga: Yo había pensado en un almuerzo para los grupos que han participado.

David: Yo también pensé al principio en una comida, pero luego he pensado que es mejor un aperitivo y así poder hacer partícipe a toda la empresa.

Olga: ¿Por qué dices que hay que invitar a participar a toda la empresa?

David: Pues porque así se pueden animar a dar ideas al año que viene, ¿no?

Juan Pedro: Yo, como os he dicho, no me había puesto todavía a pensar en ello. Pero sí tenía una idea clara: tiene que ser una celebración que implique a los que han participado este año y a los que no lo han hecho, para promover el espíritu de equipo y de empresa.

Olga: Si queremos estar todos, es mejor pensar en un aperitivo o en un cóctel... ¿Qué os parece un cóctel? Puede ser más informal, por la tarde, después ya no hay que trabajar...

Juan Pedro: Sí, un cóctel me parece una gran idea. Lo podemos combinar con una presentación de las tres mejores ideas, con participación de nuestro director general.

David: Sí, de acuerdo, por mi parte no hay problema. Un cóctel. Somos muchos para organizar una comida o una cena. Lo bueno es poder estar todos, así lo manifestaremos en la celebración.

7. **7.3.** GRABACIÓN 17

▶ Buenas tardes. Me toca leeros el tercer premio, que lo ha obtenido... Un momento, que abro el sobre..., Luis Ángel Amat, Mónica Revilla y M.ª del Carmen Toledo. Un aplauso, por favor.
¡Enhorabuena por el tercer premio, Mónica!

▷ Muchas gracias. Recibir este premio es todo un honor y una sopresa. Muchas gracias a todos nuestros compañeros por animarnos a presentarnos a este concurso. Muchas gracias de parte de los tres.

▶ Buenas tardes a todos. Yo voy a leeros el segundo premio, que es para... Begoña Barrenechea, José Alberto Aguilar y Carlos Avellaneda. Enhorabuena, José Alberto.

▶ Muchas gracias. Estamos llenos de emoción. Begoña no ha podido estar esta tarde con nosotros porque sabéis que está recién operada, pero quiero transmitiros su ilusión por merecer este segundo premio. Muchas gracias de parte de todos nosotros.

▷ Hola, buenas tardes. Tengo el honor de leer el primer premio y... el primer premio es para... Fernando Sanchís, Soledad del Pozo, Miriam del Cortijo y Jorge Paricio. Un gran aplauso para ellos.

▶ Buenas tardes y muchas gracias. Es un honor y un privilegio que os queremos dedicar a todos vosotros, grandes compañeros dentro y fuera del trabajo. Por vosotros.

Hispanoamérica

1. GRABACIÓN 18

"Estamos en un campo donde se cultiva el choclo y al tiro vamos a contemplar una cosecha de ají. Les damos mucha importancia a nuestras frutas y verduras porque es uno de los rubros más importantes en las exportaciones de Chile a Norteamérica, Europa y Asia. Largas temporadas de mucho sol aseguran muchas cosechas de kiwis, uvas, duraznos, frutillas, tomates, choclos y frutas exóticas, como la lúcuma y la chirimoya. La temporada de verano llega al Chile Central con la primera cosecha de choclo, a mediados de diciembre, cuando empezamos a ver en la carta el famoso pastel de choclo."

3. GRABACIÓN 19

María Delia:	Jorge, leí que parte del éxito chileno reside en su regulación laboral y eso garantiza la paz social. ¿Es cierto?
Jorge Solari:	Sí, lo es. Esa regulación laboral promovida desde el Gobierno estableció un seguro de desempleo que no existía en Chile.
María Delia:	Pero, ¿cómo se financia?
Jorge Solari:	Pues... esa financiación es tripartita: la parte principal la financian los empleadores, y también contribuyen los trabajadores y el Estado, que hace un aporte al fondo solidario.
María Delia:	Veo que es un diseño muy innovador.
Jorge Solari:	Por supuesto, ya que no genera riesgos fiscales. El tiempo máximo de cobro son cinco meses, tanto para despidos como para los trabajadores que renuncien a su puesto.
María Delia:	Muchos dicen que deberían aplicarse en mi país, la Argentina, las medidas implantadas en el país de usted en los años 80...
Jorge Solari:	Bueno, pues... digamos que el problema de la Argentina dejó de ser un problema económico para ser básicamente político. Se requiere un pacto social y político para dar estabilidad al actual gobierno y al que vendrá después.
María Delia:	¿Temés vos una "invasión" de mano de obra argentina mejor preparada que la chilena?
Jorge Solari:	No tenemos ese temor, aunque empezaron a llegar trabajadores argentinos de la más alta calificación. Históricamente hubo muchos chilenos trabajando en la Argentina, por lo que nuestra conducta es de reciprocidad.
María Delia:	¡Qué prudente que sos vos! Comprendo que son temas delicados, así que...

Unidad 5

IMAGEN DE MARCA Y SECTORES ECONÓMICOS

1. **1.2.** GRABACIÓN 20

Diálogo 1.
- ▶ Juana, tengo que enterarme del porcentaje de los derechos de autor.
- ▷ Creo que es mejor hablar directamente con el editor y preguntárselo.
- ▶ Es verdad, tienes razón. Como ésta es mi primera novela, pues... estoy algo despistado en eso.
- ▷ Hombre, pues, por lo que yo sé, depende del tipo de obra y de la distribución que se prevea.
- ▶ Ya te entiendo. De si ya eres famoso, en fin... Que hay que negociarlo.

Diálogo 2.
- ▶ Ayer fui a Granada para entrevistarme con el delegado de Andalucía y, en el avión, toda la tripulación estaba pendiente de Antonio Banderas que iba con nosotros en ese vuelo.
- ▷ ¿El piloto también?
- ▶ No, no, sólo las azafatas.
- ▷ Así que no os sirvieron ni una bebida.
- ▶ Sí, sí que nos sirvieron, después del despegue ya empezaron a ofrecernos la prensa y luego el café, pero... sin dejar de mirarle y pedirle autógrafos.

Diálogo 3.
- ▶ Esta mañana he ido al cajero y no he podido sacar ni un euro.
- ▷ ¿Estás en números rojos?
- ▶ No creo, aunque nunca se puede asegurar con la VISA. Esta semana he realizado varias compras importantes y he firmado un par de talones...
- ▷ Lo mejor es consultar el saldo de tu cuenta corriente porque quizás...

Diálogo 4.
- ▶ La última campaña fue un verdadero desastre.
- ▷ ¿Qué crees que falló?
- ▶ No sé, por ejemplo, me parece que el lema no era muy acertado.
- ▷ Puede ser, y además todos los anuncios de las vallas publicitarias tenían un color muy pálido que no mostraba la idea de innovación y creatividad que queríamos transmitir.

2. **2.3. y 2.4.** GRABACIÓN 21

En directo con ustedes, Raúl Olalde en el Congreso Anual de pymes, consultando a los empresarios y empleados sobre el concepto de "reputación corporativa".

Locutor:	Hola, buenas tardes, estamos llevando a cabo un sondeo para valorar las variables que se deben tener en cuenta para medir la reputación de las empresas. Dígame, ¿qué variable le parece más destacable entre *resultados económico-financieros* o *calidad del servicio*?
Empresario A:	Las dos son importantes, no se puede excluir ninguna.
Locutor:	*¿Y la habilidad para atraer a la gente con talento?*
Empresario A:	Sobre esta variables, tengo mis dudas. No me convence. Hay que dar prioridad a otros aspectos, como la *calidad del producto* o la *investigación y desarrollo*, ¿no?
Locutor:	Muchas gracias. Vamos con otra persona. Hola, buenas tardes, dígame, ¿le parece que la *cultura corporativa* y la *calidad laboral* son factores para medir la *reputación de una empresa*?
Empresario B:	No me cabe la menor duda. No hay que pensar sólo en finanzas, también hay que valorar el aspecto humano. Cuanto mayor me hago, más claro lo veo.
Locutor:	Muchas gracias, y usted, ¿cómo valoraría *la ética y la responsabilidad social corporativa*?
Empresario C:	Lo siento, no tengo criterios para entrar a valorar esas variables.
Locutor:	Muchas gracias. Perdone, ¿qué piensa de la ética y la responsabilidad social corporativa en las empresas?
Empresario C:	Estoy convencido de que sin ética una empresa puede durar unos años, pero a largo plazo las personas buscan también bienestar emocional y seguridades de carácter social.
Locutor:	Muchas gracias. Hasta aquí nuestro sondeo de hoy, jueves 24 de junio, festividad de San Juan en muchas ciudades de España. Hasta mañana.

El crecimiento esperado para la economía española presenta una cierta desaceleración con respecto al año pasado. Expertos de algunos sectores industriales nos explican lo más destacado de cada sector.

▷ En el sector papelero, las perspectivas son bastante favorables y se esperan crecimientos por encima del 3,7% previsto para el producto interior bruto (PIB).

► La actividad del sector textil, sin embargo, se ve afectada por la desaceleración de la demanda interior. La fuertes elevaciones de costes: materias primas, energía etc. preocupan a las empresas.

▷ Otro sector con problemas es el del calzado, puesto que es previsible un descenso de las exportaciones.

► En cuanto al sector del mueble, vemos que presenta en la actualidad un fuerte incremento de la facturación.

▷ Respecto al sector automovilístico, hasta el mes de noviembre se habían matriculado el mismo número de turismos que el año anterior, pero desde mediados de año se ha detectado una ralentización en el consumo privado. Se cree que este sector finalizará el año con unas cifras de matriculación algo inferiores a las del año pasado.

► El sector de alimentación es el primer sector industrial del país y uno de los más sólidos en crecimiento. El consumo interno ha mantenido un comportamiento bueno a lo largo de los seis primeros meses.

▷ En relación al sector electrónico y de comunicaciones, protagonista de las mejoras de productividad, crecimiento y estabilidad relativa a los precios de la economía española, podemos detectar que continúa disponiendo de un amplio margen de maniobra para seguir empujando la economía.

► El sector químico cerró el ejercicio anterior superando ampliamente la facturación de años pasados y su aportación al producto interior bruto (PIB) industrial ascendió hasta el 8%, consolidándose como uno de los sectores básicos de la economía.

Hispanoamérica

1. GRABACIÓN 23

Algunas otras peculiaridades del lenguaje coloquial chileno.

El uso del diminutivo

Si escucha que hay que esperar "*un poquito*" porque *se van a demorar* "*un ratito*", no se sorprenda porque es una forma frecuente en la expresión coloquial, constituyéndose en un rasgo sobresaliente del habla chilena.

Muy rara vez lo invitarán a tomarse un trago, un café o un pisco. Siempre le ofrecerán "*un traguito*", "*un cafecito, tecito o matecito*" y "*un pisquito*". Ya sabe, *un mate* es una infusión de hierba *mate* que se bebe mucho en la Argentina y el *pisco* o *pisco saur* es un aguardiente que se toma harto por acá.

Si anda con suerte, hasta lo pueden convidar a tomarse "*unas oncecitas*", costumbre chilena todavía vigente en ciudades y lugares provincianos. En Santiago, debido al cambio en los horarios de trabajo, la extensión de la jornada laboral, por ejemplo, no se ha perdido la costumbre, pero se ha ido desplazando hasta lo que llaman "*onces-comida*". "*Tomar once*" es como la versión chilensis del británico *five o'clock tea*. Es un decir, puesto que las *onces* chilenas tienen la más variada expresión culinaria, que va desde "el té solo con galletitas" hasta la más apetitosa muestra de quesos, arrollados, queques, mermeladas y pasteles.
Muchos interpretan esta manera de usar el diminutivo como reflejo del alma tierna y respetuosa del chileno.

Los usos de tú, vos, usted

Tanto en el lenguaje culto como en el coloquial y popular, se utilizan todos los pronombres salvo *vosotros, os* y el posesivo *vuestro*. No hay lugar ni estrato social donde se escuche el *vosotros, os* o *vuestro*.
"Vos tenís, tú tienes, tú tenís, usted tiene" son usos casi paralelos en las ciudades, lugares de diversión o trabajo a lo largo del país...

Unidad 6

PYMES

2. **2.1. y 2.3.** GRABACIÓN 24

Eurodiputado A: El colectivo de las pymes tiene una gran importancia en el tejido empresarial comunitario y...

Eurodiputado B: ¡Pues claro! En Europa es el empleo de 74 millones de personas y, en nuestro caso, los catalanes estamos muy interesados en los nuevos parámetros, el 85,5% de nuestras empresas tiene menos de 10 trabajadores.

Eurodiputado A: Sí, sí, y esto supone el 98% del total de empresas de la UE... y el 99% del tejido empresarial español, así que debemos ser muy cautos y reflexivos en la nueva definición... Las ayudas que recibirán los pequeños empresarios españoles y europeos dependerán de la nueva definición.

Eurodiputado B: A mí me parece bien considerar mediana empresa a la que tiene 250 empleados y un volumen de negocio no superior a 50 millones de euros.

Eurodiputado C: Nosotros, los del PNV, no lo vemos claro. ¡Decir que las pequeñas empresas son las de menos de cincuenta personas y una facturación de nueve millones...! ¡No sé! Nosotros preferiríamos mantener los siete millones de euros como hasta ahora... y muchas empresas no llegan a los nueve millones, pero no llegan por poco y... ¿y tú qué opinas?

Eurodiputado B: ¡Tienes razón! Nosotros tampoco lo vemos claro...

Eurodiputado A: Pues vuestras regiones son más ricas que la nuestra, así que para los gallegos... ¡Es más difícil! Estamos los tres de acuerdo. Todavía es peor para nosotros la definición de microempresa: las de menos de diez trabajadores y su volumen de negocio no supera el millón de euros...

Eurodiputado C: ¿Ah sí? Pues a mí no me parece del todo mal... Para mí, es mejor introducir el concepto diferenciador de microempresa. ¿Y tú qué piensas, Jordi?

2. **2.2.** GRABACIÓN 25

1. Es el empleo de 74 millones de personas.
2. Debemos ser muy cautos.
3. ¡Tienes razón!
4. A mí me parece bien considerar mediana empresa a la que tiene 250 empleados.
5. ¡No sé!
6. ¿Y tú qué opinas?

4. **4.1. y 4.2.** GRABACIÓN 26

Juan: ¿Leíste ayer las noticias de la página de *espaciopyme*?

Silvia: Sí, cada mañana le echo un vistazo. Ayer, una de las tres noticias más importantes era... Sí, ya me acuerdo, decían que Siemens compensaría los problemas que tenía con el negocio de las telecomunicaciones y que invertiría en el negocio ferroviario.

Juan: ¡Vaya decisión más drástica!

Silvia: Sí, tienes razón. Después, también leí algo sobre el sector del alquiler de coches, algo así como... que... según la Asociación Española, el *renting* había crecido un 22,85% en un semestre. ¡Una barbaridad! Y, por último, había una noticia que decía que el ICEX y las Cámaras de Comercio analizaban las implicaciones de Internet en el comercio exterior.

Juan: Yo ayer no tuve tiempo, y me gusta leerlo cada mañana y...

Hispanoamérica

1. **1.1.** GRABACIÓN 27

Caribbean-trip le da la bienvenida.

Voz A: Hace cuatro años, Igor Viloria y Antonio Lizarán, un servidor, ya contábamos con una dilatada experiencia en el mundo del turismo. Por eso, nos propusimos crear una empresa 100% Internet. La decisión de seleccionar a la isla de Margarita como sede de la empresa estuvo influenciada por el estilo de vida, la seguridad, infraestructura y la excepción del Impuesto al Valor Agregado (IVA).

Voz B: Bienvenidos, soy Igor Viloria. Y quería transmitirles que Caribbean-trip, que posee 14 destinos en el Caribe, no es una agencia de viaje más. Es un sitio en la red que pertenece a New Millennium Internet Project C.A.
La base de operaciones de New Millennium Internet Project C.A., se encuentra en la isla de Margarita en Venezuela. La plantilla directiva de esta empresa posee más de 20 años de experiencia en el área del turismo y, conscientes de que este negocio es el rubro de mayor crecimiento dentro del área tecnológica y específicamente dentro de la autopista de la información, decidieron introducir en el mercado del Caribe los adelantos tecnológicos que la globalización impone.

Voz A: Caribbean-trip.com ha sido diseñado para romper con el problema más agudo que afecta a todos los profesionales del medio, los costos de comunicación. Los sistemas empleados por nosotros logran que todo trámite de reservación y hasta la confirmación y emisión de Vouchers sea con un costo comunicacional mínimo, dadas las características que la tecnología nos brinda.

Unidad 7

LA BANCA Y LA BOLSA

 1.2. y 1.3. GRABACIÓN 28

▶ ¿Usas el servicio on-line para realizar operaciones con tu banco?
▷ Muy poco. Sólo lo uso para consultar los movimientos bancarios, no me gusta que mi información bancaria sea accesible a *piratas*, u otro tipo de... sabes. Además, todavía prefiero que un empleado me dé un papel del extracto, me explique cuáles son las posibilidades de sus productos, etc.
▶ ¿De verdad? A mí me encanta que, con un simple clic, el banco haga todas las operaciones en cualquier momento del día, es fantástico que podamos hacer transferencias, comprar acciones, domiciliar recibos, gestionar líneas de financiación... sin movernos de casa.
▷ ¿También lo usas para gestionar la contabilidad de tu empresa?
▶ Sí, sí, también. Es muy práctico, como somos una pequeña empresa... Antes íbamos a la oficina bancaria diariamente. Me molesta que un empleado vaya al banco, y pierda el tiempo, ahora podemos hacerlo desde la mesa de trabajo y se optimiza el tiempo. El control de las cuentas bancarias es mucho mejor ahora.

 4.1. GRABACIÓN 29

Diálogo 1

▶ ¡Buenos días!
▷ ¡Buenos días! ¿En qué puedo ayudarle?

▶ Sí, mire... Me acabo de instalar en Sevilla. Soy brasileña, hace cuatro días abrí con ustedes una cuenta en su oficina para hacer una transferencia desde la cuenta de mi país y he visto *on-line* que todavía no me ha llegado, ahora me urge porque tengo que pagar la fianza de mi piso y...

▷ ¿Usted en Brasil opera también con nuestro banco?

▶ Sí, sí, me dijeron que operando con el mismo banco sería más fácil y rápido, que en dos días ya... pero, ya ve...

▷ Vamos a ver qué ocurre, ¿me dice su nombre y número de cuenta, por favor?...

Diálogo 2

▶ Bancfond, ¿dígame?

▷ Buenos días, quisiera hablar con el director de la oficina bancaria, con el señor Martos, por favor.

▶ ¿Sería tan amable de decirme de parte de quién y de qué asunto se trata?

▷ Pues, soy clienta de ustedes, soy la Sra. Mora, y quisiera hablar sobre un tema de préstamos personales.

▶ Si es tan amable de esperar unos segundos, Sra. Mora, un momento, por favor.

▶ ¿Qué tal Sra. Mora? Encantado de hablar con usted. Usted dirá.

▷ Buenos días, Sr. Martos. Le llamo para conocer las condiciones de los préstamos personales para iniciar un negocio familiar de moda y quisiera...

▶ Sí, Sra. Mora, mire. ¿Por qué no se pasa usted por la oficina y vemos qué es lo que más le conviene a usted? Tenemos diversas modalidades y depende de... ¡Pero vamos, no habrá ningún problema!

▷ Bien, tiene razón, ¿le va bien mañana a las 9.30?

▶ Perfecto, hasta mañana a las 9.30, Sra. Mora. Será un placer ayudarla. ¡Buenos días!

Diálogo 3

▶ Banco de Ciudad, buenas tardes.

▷ Buenas tardes. Soy la directora de RR.HH. de Quinted.

▶ Buenas tardes, Sra. Margarit, soy Pedro Fernández, el interventor.

▷ Ah, hola, buenas tardes, Pedro. Mira, te llamo porque estamos pensando ofrecer a nuestros empleados un fondo de pensiones común a todos. Sabes, como beneficio social... Pero aún no nos hemos decidido y queríamos saber cuál es vuestra oferta.

▶ Sí, claro. Pues, tenemos varios productos y además no es necesario que sea un plan igual para todos. Podemos ofreceros diferentes tipos de planes dependiendo de las condiciones de edad, imposición, los incrementos anuales, la rentabilidad que se quiera, el nivel de riesgo, etc. Aunque la empresa aporte una parte, que puede ser fija, el empleado con su aportación puede libremente elegir qué tipo de plan prefiere. Como ves, hay muchas posibilidades y además personalizadas. En fin, si quieres, podemos pasar por tu oficina y lo estudiamos con calma.

▷ Me parece una buena idea. Vamos a ver, ¿qué día te viene bien?

Diálogo 4

▶ Servicio de atención al cliente de Bankoro. Buenos días, le atiende María Menéndez. ¿En qué puedo ayudarle?

▷ Buenos días. Yo quisiera información sobre los precios de sus comisiones. He visto en mi extracto que me han cobrado 3 euros de comisión por una transferencia que he hecho de 45 euros, casi un 10% de la cantidad que he transferido a otra cuenta y, ¡me parece increíble! Pienso que ha sido una equivocación.

▶ Lo siento, pero su información es correcta, la comisión que se cobra por transferencia es de 3 euros.

▷ ¿Cómo dice? Pero, oiga... el empleado no...

▶ Lo siento, es lo establecido. Se envió, hace un año, una carta explicativa a todos nuestros clientes con las tarifas de los diferentes servicios que ofertamos. Y además...

Hispanoamérica

2. GRABACIÓN 30

A. La ciudad de Caracas fue fundada el 25 de julio de 1567 por Diego de Losada, y fue bautizada con el nombre de Santiago de León de Caracas.

Actualmente es la capital del Distrito Federal. Por su condición de capital de Venezuela es asiento permanente de los órganos supremos del Poder Ejecutivo Nacional, de la Presidencia de la República, Ministerios, del Congreso y de la Corte Suprema de Justicia.

Se encuentra situada a 900 metros sobre el nivel del mar. Su temperatura anual media es de 25° centígrados y su población asciende a 4,5 millones de habitantes.

B. El parque de Los Caobos es considerado uno de los parques más antiguos de Caracas. Su importancia radica en que es uno de los depositarios de las más importantes colecciones de árboles centenarios que posee la ciudad. Está abierto a toda hora y todos los días.

C. La casa natal del Libertador es una casa de estilo colonial, edificada en el siglo XVIII, que caracteriza el modo de vida de los mantuanos de la época. Su importancia radica en que fue en esta casa donde nació Simón Bolívar el 24 de Julio de 1783. Se encuentra ubicada entre las esquinas de San Jacinto y Traposos.

D. La catedral de Caracas fue creada en el momento de la fundación de la ciudad (1567), como una Iglesia parroquial. Presenta un estilo colonial y sobrio de la época. Se encuentra ubicada frente a la Plaza Bolívar en el centro de la ciudad. Aquí fue bautizado Simón Bolívar el 30 de julio de 1783.

E. En el centro de la capital se encuentra el Casco Histórico de Caracas, donde entre otras cosas se encuentran: El Capitolio Nacional, El Museo Bolivariano, La Casa Amarilla y la Catedral de Caracas, todo esto girando en torno al eje principal del centro de la ciudad, La Plaza Bolívar.

Unidad 8

PROMOCIÓN DE LA EMPRESA: MARKETING Y PUBLICIDAD

1.2. GRABACIÓN 31

▶ Recinto ferial Príncipe de Asturias, ¿dígame?

▷ Hola, buenos días, llamo para obtener información sobre la feria "Imagen de España". Tengo el plano del Edificio Cantábrico. ¿Cuál es el coste por metro cuadrado del *stand*?

▶ El metro cuadrado es a 100 euros por día. El tamaño del *stand* es de 8 metros cuadrados y, claro, se pueden unir varios espacios. Todo depende de dónde lo quiera escoger.

▷ Me gustaría saber, según la ubicación, ¿cuáles son los *stands* más visitados por el público?

▶ Pues los *stands* de la entrada tienen mucha afluencia de público, sobre todo los centrales, es decir, los números 11 y 21, que suelen unirse en uno solo. También los que están al lado de la cafetería, los números 60 y 70 especialmente; y los que están nada más salir de los servicios, el 61 y el 51.

▷ ¿Hay alguna reducción si se alquila más de un *stand*?

▶ Sí, un 3% si cogen dos espacios, un 5% si son tres, y, si son más de tres, un 10%. Los *stands* que le he indicado, por ser de ubicación preferente, no tienen ningún descuento.

▷ ¿En el precio del *stand* está incluido el consumo eléctrico?

▶ Sí, y la conexión de teléfono, en caso necesario. El consumo de teléfono se paga aparte. También disponemos de conexión a Internet ADSL, pero el coste es aparte.

▷ ¿Cuándo conviene hacer la reserva?

▶ Pues, ahora mismo tenemos ya una ocupación del 35%. Cuanto antes hagan su reserva, mucho mejor, porque así podrán disponer del *stand* que elijan.

▷ Muchas gracias.

▶ A ustedes.

3. **3.2.** GRABACIÓN 32

- Buenos días. Primeramente, quiero agradecer a los presentes su asistencia y, a los organizadores del congreso, el haberme invitado. Confío en que disfruten de esta conferencia. Durante la hora que dura mi charla, voy a presentarles...

- Si les parece bien, podemos establecer un turno de preguntas al final de la presentación. Se les ha repartido una carpeta con el esquema de la presentación y un CD-ROM de información y demostración sobre nuestros servicios y productos...

- Hablando de este tema y, como decía Toni Segarra en una entrevista que le hicieron hace poco, "la creatividad ahorra dinero, pero sin dinero no vamos a ninguna parte".

- Pueden contactar con nosotros a través de nuestro portal, en http://www... donde encontrarán un buzón de sugerencias y en la dirección de correo electrónico consultas@alta-consultoría.es. Muchas gracias por su atención.

6. **6.1.** GRABACIÓN 33

1. Líderes en soluciones a su medida.
- La guardería cierra por fiesta local, no es ningún problema.
- Una mancha en su mejor abrigo, llámenos.
- Cena íntima en casa, ya lo tenemos todo preparado.
- Un cóctel sorpresa y sin nada que ponerse, no le dedique más tiempo.

No lo dude, somos la solución a sus problemas. Llámenos tan pronto como nos necesite, a cualquier hora y dedique su tiempo a otra cosa: 676 76 76 76 y también en www.todo-hecho.com.

2. Más vale a tiempo. Madrid-Barcelona en 3 horas y media. Sin reserva. Le esperamos.

3. Con la salud no se juega, y con los compromisos profesionales y los amigos tampoco. Reservas en el 975 190 190 antes de las dos de la tarde.

4. ¿Sus cuentas le dan dolor de cabeza? ¿Tiene vértigo a la calculadora? Delegue en nosotros. Antes de que lo piense, se lo tendremos hecho. Llevamos fiscalidad, contabilidad, jurídico... Nos puede encontrar en www.

6. **6.2.** GRABACIÓN 34

1. Líderes en soluciones a su medida.
- La guardería cierra por fiesta local, no es ningún problema.
- Una mancha en su mejor abrigo, llámenos.
- Cena íntima en casa, ya lo tenemos todo preparado.
- Un cóctel sorpresa y sin nada que ponerse, no le dedique más tiempo.

No lo dude, somos la solución a sus problemas. Llámenos tan pronto como nos necesite, a cualquier hora y dedique su tiempo a otra cosa: 676 76 76 76 y también en www.todo-hecho.com La empresa de servicios que más servicio le ofrece.

2. Más vale a tiempo. Madrid-Barcelona en 3 horas y media. Sin reserva. Le esperamos. RENFE, desde siempre.

3. Con la salud no se juega, y con los compromisos profesionales y los amigos tampoco. Reservas en el 975 190 190 antes de las dos de la tarde. Taberna Degustación no le fallará.

4. ¿Sus cuentas le dan dolor de cabeza? ¿Tiene vértigo a la calculadora? Delegue en nosotros.

Antes de que lo piense, se lo tendremos hecho. Llevamos fiscalidad, contabilidad, jurídico... Nos puede encontrar en www.asesoríatotal.es. Asesoría Total, atendemos en toda España.

Hispanoamérica

1. GRABACIÓN 35

El Ambiente

El país se divide en tres regiones naturales. En primer lugar, los Andes y otras cadenas no andinas al oeste y al norte, y elevaciones importantes al sur. El centro, ocupado por los Llanos del Orinoco, en cambio, es una zona ganadera. En el litoral, en Maracaibo y el golfo de Paria, se encuentran las principales cuencas petrolíferas. Además de los hidrocarburos, el país cuenta con yacimientos de hierro, bauxita, manganeso, oro, diamantes y cromo. Entre los problemas ambientales se destacan la deforestación y la degradación del suelo.

La Sociedad

Pueblo: El pueblo venezolano es fruto del mestizaje de europeos, africanos e indígenas. Los aborígenes se estiman en el 7%. Gran número de inmigrantes, sobre todo colombianos, peruanos y ecuatorianos. Las mayores inmigraciones de Venezuela fueron de españoles, italianos y portugueses.
Religión: Mayoritariamente católica, 92,7%.
Idiomas: Español, oficial y predominante; 31 idiomas nativos.

El Estado

Nombre oficial: República Bolivariana de Venezuela (desde 2000).
División administrativa: 21 estados con autonomía parcial (incluido el Distrito Federal), 2 territorios federales.
Capital: Caracas, 4 500 000 (año 2000).
Otras ciudades: Maracaibo, 1 249 670 hab.; Valencia, 1 034 033 hab.; Barquisimeto, 692 600 hab.; Ciudad Guayana, 523 580 hab. (datos de 1990).

EMPRESARIOS Y EJECUTIVOS ESPAÑOLES

8. GRABACIÓN 1

A continuación, aquí en Radio Internegocios les vamos a dar un breve resumen de los cuatro libros más leídos este mes por nuestros directivos. A ver si ustedes adivinan los títulos.

En el primero de ellos, se nos dice que los negocios familiares son importantes en todas partes. Un 35 por ciento de las 500 empresas de la lista de Fortune en Estados Unidos se estima que entran en la amplia categoría de negocio familiar. Pero hay unos que triunfan y otros no. La obra explica el éxito de algunas de esas compañías.

En el segundo nos preguntan: ¿Cuál es la receta para llegar a ser...? Para el autor, existen varias claves pero tal vez el secreto más importante es no dejarse engañar fácilmente con verdades superficiales o evasivas. Vigilar los pequeños detalles o tener optimismo como bandera son otras de las recetas que explica la obra.

En el tercero nos comentan un tema muy discutido: innovación es, a juicio de los autores de la obra, sinónimo de competitividad, por lo que la innovación no es ya una recomendación, es una necesidad.

La innovación es adelantarse a las necesidades del mercado, ofrecer productos y servicios de alta calidad, bajo coste y novedosas utilidades.

Y, en el cuarto, el autor del mismo nos comenta que, en el trabajo, siempre se plantea un abanico de opciones entre las que hay que elegir. El autor tiene varias recomendaciones, si bien, una de las más importantes es la utilización del aprendizaje personal en cada una de las determinaciones a tomar.

Gracias por escuchar nuestras...

9. GRABACIÓN 2

1. Son catorce horas de trabajo diarias y una semana repartida por Europa. El lunes por la mañana estoy en Madrid y por la tarde me marcho a mi despacho de París hasta el viernes. Todo esto se consigue con organización, mucha salud, paciencia, sentido del humor y una familia ideal. No sé lo que es la vida cotidiana entendida al uso.

2. He cogido un avión y me he marchado a cuidarlos. Pero a la empresa no le puedes decir que la directora general no va porque tiene un hijo enfermo.

3. No es la imagen de mujer fuerte lo que ayuda a desempeñar el trabajo. Sí lo hace el hecho de tener experiencia, conocimientos y resultados a lo largo de una carrera profesional.

4. La mujer es tan capaz como el hombre de desempeñar puestos de responsabilidad. Cada vez más jugará un papel importante en el ámbito profesional.

5. Si por estar segura se entiende capacidad de decisión, sí, porque no tienes más remedio que tomar determinaciones importantes. Si por seguridad se entiende escuchar poco a los demás y creer que uno siempre tiene razón, entonces no.

6. Nunca me lo había planteado. Me imagino que como presidentas de empresas, como ministras en mayor número.

7. Ante todo, como mujer, ¡y muy orgullosa de serlo!, con una salud de hierro y unas ganas de vivir el momento increíbles. De modo que intento compaginar mi trabajo con mi tiempo libre.

GRABACIÓN 3

Empresa Taro

Creada en 1997 por Tomás Arosa, la empresa Taro está especializada en recolocar despedidos en otras empresas. La primera oficina la montó en Pamplona y un año más tarde ya tenía 20 despachos en toda España.

Desde entonces ha conseguido recolocar entre 800 y 1200 personas al año, la mayoría afectadas por despidos colectivos.

El sistema que utiliza Taro consiste en que la empresa que realiza una regulación de plantilla, además de pactar la indemnización y la cobertura del paro con los empleados, contrata a firmas especializadas en recolocación para ayudar a los despedidos a encontrar un puesto de trabajo en otra compañía.

Taro cobra unos 1000 euros por recolocación.

Actualmente la empresa está implantada ya en varios países de Europa.

Unidad 2

PUNTO.COM

 GRABACIÓN 4

1. España será el segundo país en Europa (justo después de Francia) que tendrá más profesionales femeninas de este sector, compuesto mayoritariamente por hombres.
2. Yo en tu lugar, hablaría otra vez con el cliente.
3. La operadora británica BT hará el lanzamiento de servicios de comercio electrónico entre empresas (B2B) en España con la plataforma de *Commerce One* para la optimización de los procesos de gestión de compras de las compañías a través de Internet.
4. Internet dejará de ser gratis, ¡pagaremos por la información!
5. En mi opinión, hay un exceso de información en esta página que hemos diseñado, yo reduciría la información ya que podría llegar a confundir al visitante.

 GRABACIÓN 5

Anuncio 1
Entrevistador: ¿Y usted qué le pide a su conexión a Internet?
Voz A: A mí me gustaría tener más velocidad.
Eslogan: ¡Con nuestra conexión ADSL nunca deberá esperar!

Anuncio2
Entrevistador: En su empresa, ¿qué servicio sería para usted de mayor valor en su acceso a Internet?
Voz B: Sería muy útil un servicio de consultoría para la creación y mantenimiento de la *web* corporativa.
Eslogan: ¡Nosotros se lo ofrecemos gratuitamente durante 6 meses!

Anuncio3
Entrevistador: ¿Qué condiciones de contratación desearía en su conexión a Internet?
Voz C: Yo sólo contrataría un servicio de tarifa plana.
Eslogan: ¡Contrate nuestra tarifa plana con la posibilidad, además, de altas temporales!

10. GRABACIÓN 6

Internet en España: dónde estamos, hacia dónde vamos.

Ahora estamos...

Si analizamos los datos del Estudio General de Medios (EGM), vemos que aproximadamente el 20% de los españoles mayores de catorce años ha utilizado alguna vez Internet (más de 6 822 000). Estos usuarios corresponden al 50% de las personas que utilizan el ordenador.

El usuario español se conecta a Internet una media de 10 veces por semana. En una sesión se visitan una media de 9 sitios y se visualizan unas 25 páginas. El porcentaje de *banners* que se pulsan es del 0,4%.

El portal por el que más habitualmente se accede a la red (26,6%) es Terra. A continuación se sitúan Yahoo (16,7%) y Ya.com (5,2%). Si hablamos de publicaciones electrónicas, las más visitadas son *El País* (2 979 000 visitas/mes), *El Mundo* (1 716 000) y *Marca* (1 496 904 visitas/mes).

Unidad 3

RECURSOS HUMANOS: UN ENTORNO LEGAL

7. GRABACIÓN 7

▶ He oído en la radio que el IPC ha subido este año un 3,2, eso significa que nos subirán lo mismo el sueldo, ¿no?

▷ Pues, no lo sé, que subirá un 3,2, supongo que sí, pero no sé si sólo el salario base o todos los conceptos.

▶ ¿No me digas? ¿Sólo sube el salario base?

▷ Tenemos que preguntarlo. De todas formas esta mañana han enviado un correo electrónico anunciando el aumento que vamos a percibir por cada concepto y según las categorías. No hablan del IPC porque se supone. Sube un 2% el complemento específico y un 3,1% el complemento de puesto de las categorías A y B, y un 3,6 para las categorías C y D.

▶ ¿Y el complemento de carrera?

▷ Este se mantiene.

▶ De todas formas, también sube el I.R.P.F, así que no sé si vamos a notarlo mucho.

▷ Vaya, tendremos que esperar a la nómina de enero para ver cómo queda.

8. GRABACIÓN 8

Para Daniel Goleman, el buen líder ha de tener en cuenta las opiniones de los otros para llevar a cabo un estilo de dirección participativo. Opina también que los estilos de gestión autoritarios fracasan a medio plazo.

Dave Ulrich insiste en que quienes contribuyen más a añadir valor a una empresa son los empleados. Se basa en el ejemplo de que, entre dos compañías que venden productos similares a un mismo precio, gana la que da mejor servicio al cliente; esto se deriva de una actitud positiva de los empleados.

Para Gary Hamel es fundamental la creatividad y la innovación en el seno de la empresa tomando ideas sobre todo de la periferia de la organización, ya que los equipos de trabajo que están alejados del núcleo de poder son los más imaginativos porque cuentan, muchas veces, con menos presupuesto que los demás.

9. GRABACIÓN 9

1. ► ¿Aviso a José Alberto, a Tere y a Angelines para que pasen a firmar las felicitaciones navideñas?
   ▷ Sí, sí, coméntaselo a ellos tres y también a Álvaro.

2. ► Si llega la factura de *Página 7*, pásasela a Felipe de contabilidad para que le dé curso.
   ▷ ¿Les doy también todo el dossier del último trabajo?
   ► No, no les des nada, excepto el presupuesto que nos pasaron para que lo contrasten con la cifra de la factura.

3. ► Hemos colocado un anuncio en *El País*, en el *ABC* y en *El Mundo* para cubrir el puesto de Alicia. Las cartas que lleguen, clasifícalas según la referencia.
   ▷ ¿Y si llaman por teléfono?
   ► Pues no les facilites más información que la que hay publicada. Esperaremos a la fase de entrevistas para responder a sus preguntas.

4. No me llames al móvil, bueno…, si el asunto es urgente…, sí, ¡claro! Espera a mi vuelta de vacaciones.

10. GRABACIÓN 10

1. Entre y descubra qué le ofrecemos: http://www.trabajofacilhoy.com. Mañana nos recomendará con los ojos cerrados.
2. Leer es fácil, seleccionar lo interesante no es tan fácil. No te lo pienses dos veces y haz nuestros cursos intensivos.
3. Vaya, vaya, no busques más y vente con nosotros. Tenemos todo lo que necesitas para montar un stand de feria sin preocuparte. Déjalo en nuestras manos.
4. Pruébelo con los ojos cerrados y lléveselo en el acto, tenemos stocks de sillas de despacho ergonómicas en todos los colores y tejidos. No pierda más tiempo en la calle.

Unidad 4

CULTURA EMPRESARIAL

8. GRABACIÓN 11

a. ► ¡Qué suerte has tenido! Has ganado el premio a la "Mejor idea promocional". Enhorabuena.
   ▷ Ya era hora. Nunca me toca nada.

b. ► Hola, Juan queríamos felicitarte por tu nuevo hijo.
   ▷ No, hombre, no, no hace falta. Todo ha ido muy bien.

c. ► ¡Vaya, esta vez no ha podido ser el despacho nuevo!
   ▷ Bueno, no pasa nada. Ya estoy acostumbrado a éste. Es más pequeño, pero tiene luz natural. Más vale bueno conocido que malo por conocer.

d. ► Hola, Almudena… ¡Enhorabuena! Coche nuevo…, ¿eh?
   ▷ Vaya, ya era hora, pensaba que nunca ibas a llamar.

e. ► José Alberto, me ha dicho Vanesa que esta vez no te han seleccionado para hacer ningún curso de formación. Lo siento mucho.

▷ Gracias, muchas gracias por decírmelo.

9. GRABACIÓN 12

a. Hola, ¿cómo estás? Soy tu hermana y tengo que decirte… ¡Que me han promocionado a técnico! Bueno, pues ya lo sabes. Un beso.

b. Hola, hola, soy Mariano. Hoy es mi cumpleaños y… había pensado que podíamos desayunar todos juntos para celebrarlo. Os espero a eso de las diez y media en la sala C. Nos vemos. Hasta ahora.

c. Hola, Esteban y Alicia, soy Pepa. Que nada, que Luis ha suspendido el examen de conducir. Así que la próxima vez. Él está muy desilusionado porque estaba seguro de que iba a aprobar. Llamadle a ver si entre todos le animamos. Un abrazo.

10. GRABACIÓN 13

a. ► Han pasado una encuesta para preguntarnos cuándo trabajamos mejor.

▷ ¿Ah, sí? ¿Y tú ya te has pensado la respuesta?

► ¡Hombre! Está claro, yo trabajo estupendamente cuando no tengo al jefe encima y puedo imponerme mi propio ritmo de trabajo. Además, yo creo que hasta soy más exigente conmigo mismo así, que si el jefe está "hazme esto, hazme aquello"…

b. ► ¿Has leído el artículo sobre rendimiento en la oficina?

▷ No, ¿dice algo interesante?

► Interesante, no sé, pero curioso sí. Dice que se rinde más cuando se dejan fluir las ideas que cuando uno está presionado.

c. ► Mira, ya están en el tablón publicados los resultados de la encuesta que nos hicieron hace dos meses.

▷ Es verdad, ¿qué hemos respondido a lo que es mejorable?

► A ver…, aquí está. Dice que un 56 por ciento hemos comentado que queremos un puesto de trabajo más ergonómico. Y que a un 10 por ciento de nosotros nos parece que todo está bien tal y como está.

▷ ¿Ah, sí? ¡No me lo puedo creer! Nada que mejorar.

d. ► ¿Nos han enviado ya los resultados de la encuesta que se iba a hacer sobre lo que opinan los españoles de sus puestos de trabajo?

▷ Sí, esta mañana nos ha llegado el correo.

► ¿Has mirado los resultados?

▷ Lo abro ahora mismo. A ver… Sí, mira. Han entrevistado a 1000 personas entre 25 y 45 años.

► ¿Y hay algún resultado destacable?

▷ Bueno. La mayoría opina que el trabajo que tiene es mejorable. En general, la gente aspira a algo mejor. Un 15% comenta estar a gusto con su trabajo y disfrutar de lo que hace.

Unidad 5

IMAGEN DE MARCA Y SECTORES ECONÓMICOS

8. GRABACIÓN 14

Luis Lada, presidente de Telefónica Móviles
Mejor Gestor de Empresas Industriales y de Servicios

En siete años, Lada ha convertido Telefónica Móviles en una de las empresas mejor valoradas del sector. Pero quiere más.
Seleccionado mejor gestor de una empresa industrial de 2001, Luis Lada (asturiano, nacido en 1949) ha desarrollado prácticamente toda su carrera en Telefónica. Se incorporó en 1973 y, tras un breve paréntesis en Amper, se encargó de la división de comunicaciones móviles en 1994.

Entrevistadora: ¿Cómo puede conjugar crecimiento y rentabilidad en un sector tan saturado?

Luis Lada: Yo no diría tanto como que está saturado. Es cierto que tiene niveles de penetración del 70%, pero superará unas tasas de penetración del 100%, porque en el futuro no sólo conectaremos a las personas, sino también a las máquinas. Las aplicaciones, que antes eran sólo de voz, en el futuro serán de datos y, posteriormente, permitirán la interrelación de máquina a máquina.

Entrevistadora: Ha gestionado Telefónica Móviles en un periodo de bonanza, pero ahora se abre un periodo incierto. ¿Cómo afecta a su modelo?

Luis Lada: Lógicamente, la gestión debe adecuarse a la situación macroeconómica, pero aparte de esto, hay determinadas estrategias que deben adoptarse en función de las fases del negocio. En España, la mayoría de la población ya tiene móvil y, por tanto, sea cual sea el crecimiento macroeconómico, ahora hay que centrarse en lograr que los clientes utilicen más el móvil, en lugar de buscar nuevos usuarios.

Entrevistadora: ¿Y en Hispanoamérica?

Luis Lada: La tasa de penetración es diferente a la que hay en Europa. En Hispanoamérica, lo que tenemos que hacer es crecer en usuarios. Pero hay que tener en cuenta que este crecimiento tiene mucho que ver con la situación macroeconómica. Por este motivo, actualmente no espero tener aumentos tan espectaculares como los que hubo en el pasado, aunque previsiblemente los volveremos a ver en el futuro.

Entrevistadora: España e Hispanoamérica viven situaciones distintas. ¿Cómo marcan los objetivos a los directivos?

Luis Lada: Hacemos la comparación entre comparables. Cada país tiene una situación diferente y debemos ser flexibles. Pero también debemos transmitir nuestras experiencias. Es decir, que cada gestor no intente inventar las ruedas. Si una filial ya ha pasado por una determinada circunstancia, debemos extraer las lecciones y transmitirlas a otras filiales, porque nos permite adelantarnos al mercado. Salvada esta parte, la gestión debe ser autónoma para adaptarse al cliente.

9. GRABACIÓN 15

La Asociación Española de la Dirección (AED) ha distinguido a Josep Mateu con el galardón del directivo del año, entre otras cosas, por haber hecho del RACC (Real Automóvil Club de Cataluña) el primer club de España y la matriz de quince empresas que prestan servicios a cerca de un millón de socios.

Entrevistadora: ¿El RACC es una empresa de servicios?

Josep Mateu: Es algo un poco más especial. En lugar de ser una empresa que ha creado un club de fidelización, somos un club que ha creado un grupo de quince empresas de servicios para el socio.

Entrevistadora: El concepto de club se asocia al de ausencia del ánimo de lucro, pero las empresas deben ser rentables. ¿Cómo encontrar el equilibrio en la eficacia empresarial?

Josep Mateu: Precisamente, no tener ánimo de lucro obliga a tener una cuenta de explotación mejor llevada, porque aquí no hay accionistas ni ampliaciones de capital: todo se genera con los recursos de la propia entidad.

Entrevistadora: ¿Cuál es el secreto de su éxito?

Josep Mateu: El gran secreto del crecimiento del RACC se ha basado en cuatro pilares: cuidar la imagen, innovar en productos y servicios, mantener altos niveles de calidad y, ante todo, mimar la fidelidad.

Entrevistadora: En los últimos cinco años han mantenido un crecimiento medio anual del 25% ¡Menos mal que no tienen ánimo de lucro!

Josep Mateu: El 25% de crecimiento anual es el promedio de los últimos cinco años, pero el aumento ha sido progresivo.

Entrevistadora: Tienen previsto estar presentes en todas las capitales de provincia de España e incrementar las franquicias. ¿No dan la impresión de poner freno?

Josep Mateu: Este año vamos a crecer un 24% en facturación, frente al 32% del año pasado. También crecemos en cada sector: en número de socios, pólizas de seguros, viajes, autoescuelas, en todo experimentamos incrementos.

El año pasado incorporamos a la plantilla 150 personas, una cifra similar a la del ejercicio anterior, fundamentalmente para atender al público en la red comercial; este año el refuerzo de la plantilla se centra en dotación de infraestructuras de servicio, para mantener la calidad que se espera de nosotros.

Unidad 6

PYMES

 GRABACIÓN 16

Diálogo 1

► Para mí, el principal problema de las pymes es la falta de acuerdo sobre la gestión que suele existir entre los descendientes.

▷ Estoy totalmente de acuerdo contigo.

Diálogo 2

► Como director de una pyme veo arriesgado contratar asesores externos que no conocen bien tu negocio y hacen análisis desviados.

▷ No sé, yo no estoy del todo de acuerdo, creo que pueden dar una nueva visión enriquecedora aunque sí es cierto que a veces no conocen bien tu negocio.

Diálogo 3

► La cultura empresarial es necesario fomentarla, especialmente entre la gente joven: hay que promover el espíritu de empresa en los programas de los colegios y procurar crear una imagen más positiva de los empresarios.

▷ Tienes razón.

Diálogo 4

▶ En Inglaterra, el gobierno quiere promover la interacción entre los centros de enseñanza, las empresas y las organizaciones de apoyo a estas últimas. A mí me parece una excelente idea.

▷ Yo no estoy seguro, tendría que pensarlo con más calma, prefiero no opinar... la intervención del estado en ocasiones no es del todo buena y...

Diálogo 5

▶ Es indignante, las pymes generamos el 80% del empleo español y la ley de empleo no nos ayuda.

▷ No te enfades, no es para tanto. Si antes no teníamos protección y seguíamos adelante, ahora pasará lo mismo.

8. GRABACIÓN 17

Voz A: Habla Ignasi Vendrell, Socio Director de Best Relations.

Ignasi Vendrell: Nuestra empresa permite a las pequeñas y medianas empresas disfrutar de las ventajas de las acciones de comunicación a través de "BCentral". Este proyecto, sin antecedentes en España, supone una revolución para las pymes, ya que por primera vez tienen la oportunidad de desarrollar relaciones públicas a unos costes asequibles. Inicialmente ofrecemos: la elaboración de notas de prensa y de dossieres de prensa, la gestión de entrevistas, la difusión de información a los medios de comunicación. También se ofrece gratuitamente un boletín mensual con artículos sobre estrategias de comunicación y casos prácticos de relaciones públicas.

9. GRABACIÓN 18

Situación de las empresas familiares en España

a. El número estimado de empresas familiares en España es de un millón y medio.
b. El 20% de las 1000 empresas más grandes son familiares.
c. El 65 % de las empresas españolas son familiares.
d. Suponen el 80 % del empleo privado.
e. Emplean a más de 8 millones de personas.
f. Realizan el 60 % de las exportaciones.

10. GRABACIÓN 19

1. Las pymes españolas invierten más de 600 millones de euros al año en el acceso a Internet.
2. Las pymes británicas han perdido este año 50 000 millones de euros por las averías en sus sistemas informáticos.
3. Nace un nuevo portal diseñado para las pymes.
4. Esta semana, la Confederación de Cámaras de Comercio firmará con Starmedia una colaboración estratégica para impulsar servicios de Internet.
5. Según un informe de la Cámara de Comercio, las pymes comerciales son las menos adaptadas a la sociedad de la información, ya que sólo el 22,7% dispone de su propia página *web* y el 84% tiene ordenador.
6. Este año, gracias al Programa de Promoción de la Sociedad de la Información (Prince XXI) que ha impulsado el Ministerio de Ciencia y Tecnología y las Cámaras de Comercio, 5000 pymes entrarán en la Red y accederán al comercio electrónico.

Unidad 7

LA BANCA Y LA BOLSA

6. GRABACIÓN 20

1. El **ÍBEX 35** es el índice bursátil que agrupa a las 35 empresas más activas en Bolsa española.
2. Un **FONDO DE INVERSIÓN** es un instrumento de inversión colectiva, es decir, integra el ahorro de muchos pequeños inversores.
3. **ACCIÓN**: la propiedad de las empresas está dividida en acciones, las cuales representan la parte proporcional de propiedad de la empresa.
4. La **BOLSA** es un mercado donde se compran y venden títulos-valores de renta variable y renta fija. Está sometido a una legislación y procedimientos específicos.
5. **Comisión Nacional del Mercado de Valores (CNMV)** es la entidad que reglamenta, supervisa, controla y, en su caso, sanciona la actividad de los que participan en el mercado.

9. GRABACIÓN 21

Las *bolsas* europeas vivieron un repunte técnico gracias al sector tecnológico y a la fuerte especulación que sobrevuela el *sector asegurador*. El Ibex 35 obtuvo la mayor *subida* del año y ganó un 2,34%. Mientras, en Wall Street, el índice Dow Jones se adentraba en zona de pérdidas, con una *caída* final del 0,97%.

En Europa, las cosas evolucionaron de manera diferente, entre otras cosas porque en jornadas anteriores habían dominado los descensos. Como en días previos, hubo poco negocio, lo que evidenció que ni hay grandes ventas ni grandes *compras*, sino muchos cambios de *acciones*.

Ayer, fondos que estaban a la baja realizaron *beneficios* comprando *acciones* para cubrir posiciones.

La especulación se concentró ayer en el sector de las compañías aseguradoras, precisamente las que más problemas padecen con un mercado bajista y por tanto las que más posibilidades tienen de *revalorizarse* si el mercado cambia de signo.

Unidad 8

PROMOCIÓN DE LA EMPRESA: MARKETING Y PUBLICIDAD

7. GRABACIÓN 22

Texto número 1

El anuncio de... ha sido introducido en las tres guías de ocio con que cuenta la ciudad y en las de las cinco cuidades que la rodean. Hay que destacar que ha sido galardonado con el premio "Ciudad de Alcalá" que cada año se celebra a mediados de mayo como inauguración de la Semana gastronómica, y que reúne a profesionales de reconocido prestigio del sector. El premio fue recogido por el propietario del restaurante.

Texto número 2

Y ahora vamos a hablar de los resultados de anuncios bien hechos. Tan solo hace dos meses fue lanzado el spot publicitario de..., que fue respaldado por el lanzamiento simultáneo del anuncio en vallas publicitarias a la entrada y salida de los principales ejes de comunicación con la ciudad. Según el director gerente de la empresa, sus servicios han sido requeridos por un 30% más de empresas y un 45% de autónomos.

Texto número 3

Y por último, vamos a terminar este repaso por el sector publicitario, refiriéndonos a... Una empresa de servicios con una idea novedosa que en dos años y medio ha sido comprada por una multinacional española. Sus creadores comentan que todo fue sucediendo muy rápidamente, a pesar de lo cual dicen haber tenido siempre los pies en la tierra. Desde que se anunciaron, empezaron a recibir llamadas. La mayor demanda ha sido generada entre los ejecutivos y las mujeres con una jornada de trabajo completa, que tienen que viajar a menudo y con cargas familiares. Las franquicias fueron llamando a su puerta en cuanto el éxito se hizo patente y lo demás... ir atendiendo al mercado.

8. GRABACIÓN 23

Tere: No entiendo cómo no nos han enviado las maquetas montadas.

Angelines: No sé, tal vez pensaron que tendríamos suficiente tiempo para prepararlo todo, ¿no?

Olga: Yo lo que lamento muchísimo es que no tengamos tiempo para que un mensajero nos las traiga. Ahora sólo tenemos la diapositiva para ver el efecto final.

Angelines: ¿Sí? (...) Ah, ¡qué raro que no encuentres las cartas! ¿Has buscado en mi disco duro, en la carpeta de "pendiente"? (...) Bien, pues, mira en la de "urgente". (...) ¿Tampoco está ahí? Pues sí que me extraña. (...) No sé, si se me ocurre dónde pueda estar, te aviso. Venga, hasta luego.

Olga: ¿Algo urgente?

Angelines: Pues sí, la verdad. Ayer dejé preparadas un par de cartas de respuesta a unos contactos interesantes de la feria y quería que salieran hoy mismo. Y mira las horas que son y todavía no están ni localizadas... La próxima vez las envío por correo electrónico o se las dejo en un disquete, así no hay que buscarlas.

Tere: ¿Qué os parece que hagamos entonces con la reunión de hoy? Yo propongo seguir adelante como si nada, es decir, todo ha sido planeado tal cual está sucediendo.

Angelines: ¿No crees que les va a resultar increíble que hoy que se decide el contrato no presentemos la maqueta?

Tere: Sí, pero podemos decir que preferimos dividir la reunión como en dos partes, y cerrarla en nuestras oficinas.

Olga: ¡No te entiendo!

Tere: Sí, la segunda reunión es en nuestras oficinas, y ahí... la maqueta estará perfecta.

Olga: Me parece que no tenemos más opciones. Así que bien, Tere, tendremos que seguir adelante con este plan. Bien mirado, hay ocasiones en que lo hemos hecho así como estrategia.

Angelines: Sí, adelante.

9. GRABACIÓN 24

Las empresas especializadas en la venta a domicilio están de enhorabuena. Nuestro país se ha convertido en uno de los mercados más atractivos para la venta directa. *De hecho*, su facturación alcanza ya los 1000 millones de euros. Y *aunque* los cosméticos, la joyería, los productos para el cuidado personal y el menaje para el hogar son los grandes protagonistas de esta modalidad de venta, en los últimos años los libros, los CD y los pequeños electrodomésticos están experimentando un notable aumento, *gracias* también a las facilidades de compra que ofrece el espacio virtual.

En España, existen en la actualidad más de 88 000 vendedores que se dedican a la venta directa. De este número, el 92% de los comerciales son mujeres *mientras que* tan solo un 8% son hombres. Lo mismo ocurre con los clientes que utilizan este servicio. Siete de cada diez también son mujeres. Y, por distribución geográfica, son los catalanes, los andaluces y los madrileños a los que más atrae la venta domiciliaria. *Sin embargo*, el verdadero reino de la venta directa está en Estados Unidos. Allí, la creciente incorporación de los hombres a la fuerza de ventas *ya* representa el 25% del total, y la mayor dedicación a tiempo completo está posibilitando que el sector experimente un fuerte crecimiento.

Apéndice www

http://www.rae.es

La *web* de la Real Academia Española es imprescindible para todos los usuarios del español. Permite de forma rápida, ordenada y eficaz consultar dudas de vocabulario gracias al diccionario digital y aclarar aspectos de uso de la lengua española mediante el enlace "Dudas Lingüísticas". Para los estudiantes de español es muy útil el botón "Conjugación Verbal"; si se introduce el infinitivo, aparece todo el verbo conjugado, especificando las diferencias propias de Hispanoamérica.

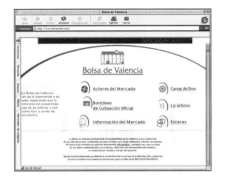

http://www.bolsavalencia.es

La página de la Bolsa de Valencia ofrece un interesante botón, el "Diccionario bursátil y financiero", al que se accede pulsando sobre el enlace "Bolsa de Valencia". Las explicaciones son breves, pero muy claras.

http://www.publidirecta.com

Esta página corporativa ofrece sus servicios de marketing. Entre sus clientes se encuentran Ceac, Picking Pack o Cirque du Soleil. Nos interesa destacarla por su diccionario terminológico de marketing al que se accede por un botón situado en la parte inferior de la página principal.

http://www.cideiber.com

La Federación de Cámaras de Comercio Iberoamericanas patrocina la *web* del Centro de Información y Documentación Empresarial sobre Iberoamérica. En ella se ubica información socioeconómica de 10 países de Iberoamérica, el censo de importadores por productos y un capítulo destinado a las oportunidades comerciales.

http://www.e-informa.com

Buscador de pago que ofrece información sobre empresarios y empresas españolas. Tanto sobre quienes las integran, como sobre sus beneficios o riesgos. Además, ofrece información sobre ayudas y subvenciones, informes sectoriales e informes internacionales.

http:// www.emprendedores.wanadoo.es

Emprendedores tiene también su versión digital. Esta revista española de economía proporciona información sobre la actualidad económica y numerosos artículos que permiten tener una visión clara sobre las más variadas cuestiones de cualquier sector o área de negocio.

http://www.americaeconomia.com

Esta página de la revista económica de Latinoamérica se puede consultar en español y en portugués. Contiene artículos de actualidad económica, artículos editoriales escritos por prestigiosos profesores de escuelas de MBA de todo el mundo, *rankings* de empresas, la posibilidad de "colgar" en la red el CV... Aconsejamos su consulta por su seriedad, estructura y buen hacer.

www.gestiondelconocimiento.com

Así se autodefine este portal: «Nace la "Fundación Ibero-americana del Conocimiento" que a través del portal Gestion delconocimiento.com ya cuenta con más de 7 800 miembros, y se posiciona como la primera comunidad virtual de habla hispana especializada en el mundo de los negocios».
La *web* incluye un área académica en la que recoge encuentros, cursos y artículos de consulta útiles para profesionales. ·

http://www.bde.es

La página del Banco de España contiene numerosos boletines informativos de gran interés para conocer en profundidad la actualidad económica de España. Además se accede a los indicadores económicos, a los tipos de interés y de cambio, y a las tarifas de comisiones completamente actualizados.

www.lanic.utexas.edu/la/venezuela y www.lanic.utexas.edu/la/argentina

La Universidad de Texas (Austin) ha creado un buscador muy eficaz para llegar a información de múltiples países. Recomendamos el enlace Lanic **www.lanic.utexas.edu** que se puede consultar en español, inglés y portugués. El botón de "Contries" nos lleva a Latinoamérica y de allí pasamos a cualquier país de América del Sur. Recomendamos las páginas de Venezuela y Argentina ya que son los países trabajados en este libro.

http://www.cnmv.es

Portal del organismo nacional español que controla el funcionamiento de las cuatro bolsas españolas. En ella encontramos información actualizada de cotizaciones, ofertas de trabajo, notas de prensa. Es útil el buscador "Consultas a los Registros oficiales".

http://www.ipyme.org

Esta página *web* del Ministerio de Economía es una útil herramienta empresarial ya que contiene información muy clara y práctica sobre novedades legislativas y temas de interés en las áreas fiscal y laboral, acceso a bases de datos y subvenciones, información sobre cooperación, creación de empresas y un enlace titulado "Diagnóstico para la pyme-acceso a nuevos mercados" de gran ayuda para los más emprendedores que quieran acceder al mercado exterior.

www.finanjobs.com

Este portal está destinado a los candidatos que deseen encontrar trabajo en las tres áreas que se destacan en su logotipo. Recurren a él empresas como Price Waterhaus o Banesto para encontrar personal. Contiene enlaces con consejos para hacer buenas entrevistas, redactar CV y cartas de presentación. Son también interesantes sus "Servicios" que ofrecen una amplia ayuda, desde encontrar trabajo en el extranjero hasta cómo tramitar becas.

www.cybersearch.es

"Tu portal de empleo te da la bienvenida" así recibe al visitante esta página. Se puede consultar también en italiano y en francés. En ella, se puede encontrar todo tipo de consejos prácticos para los candidatos. El botón "Tests" es también interesante por su aspecto más lúdico, donde encontramos cuestionarios de orientación profesional, de personalidad, de motivación...

www.europa.eu.int/index_es.htm

La información sobre Europa la encontramos en esta página que se puede consultar en español, pero también en 10 lenguas más de la Unión Europea. Hay 6 enlaces en la parte superior izquierda entre los que destacamos los titulados "Actividades" ya que da acceso a información sobre el comercio exterior, las empresas, el desarrollo y el de "Instituciones" donde se pueden consultar datos sobre el Comité Económico, sobre el Banco Europeo, etc.

www.universia.es

Universia es un portal universitario que reúne a instituciones académicas de España y Latinoamérica (Argentina, Brasil, Chile, Colombia, México, Perú, Portugal, Puerto Rico y Venezuela). Destacan sus numerosos y organizados foros. Se proponen discusiones del tipo "¿Salen los universitarios bien preparados para el mercado laboral?" o "¿Es beneficiosa la globalización para el conjunto de la humanidad?".

www.vue.es

Este útil proyecto nace gracias a la colaboración de todas las Administraciones Públicas (Administración General del Estado, Comunidades Autónomas, Administraciones Locales) y las Cámaras de Comercio españolas.

El objetivo lo definen los creadores de esta página: "La Ventanilla Única Empresarial Virtual consiste en dotar al potencial emprendedor de la información para poder crear una empresa (...), engloba conocimientos de las formas jurídicas, trámites a realizar con las distintas administraciones, posibilidad de visionar los impresos, etc."

www.inem.es/ciudadano/p_empleo2.html

La página del Instituto Nacional de Empleo **www.inem.es** ofrece información legal sobre las características de un contrato y de los distintos tipos de contrato de trabajo existentes; se pueden bajar modelos de los mismos. Se dirige, tal como se puede ver en los enlaces horizontales superiores, tanto a trabajadores como a empresarios, también informa sobre temas laborales a todos los que crean nuevas empresas.

www.contabilidad.tk

Curso de contabilidad titulado "Introducción a la contabilidad". Consta de 19 capítulos en los que se desarrollan conceptos teóricos y se le propone al estudiante que resuelva casos prácticos en los que se aplica la teoría aprendida. Este curso en línea, por el momento gratuito, creado por Mercedes Cervera Oliver y Javier Romano Aparicio pertenece al CEF (Centro de Estudios Financieros), **www.cef.es** por cuya página recomendamos navegar también.

www.empresasostenible.info

Es una iniciativa virtual del Ministerio Español de Medio Ambiente y de la Fundación Entorno. Su objetivo es "ayudar y colaborar con las empresas en su camino hacia la sostenibilidad dentro de la actividad que cada una desarrolla".

Es una página completa y muy rigurosa sobre el medio ambiente, ofrece: novedades, noticias, casos prácticos y reales en su botón "Eco-eficacia", información sobre tratamiento de residuos o consejos sobre los sistemas de gestión medio ambiental.

www.bcv.org.ve

La página del Banco Central de Venezuela informa de asuntos tanto oficiales en "Información Institucional" como de la actualidad económica del país en "Sala de Prensa". Como la mayoría de *webs* bancarias contiene varios enlaces a documentación estadística, tipos de cambio o indicadores económicos.

www.mujeresdeempresa.com

Las mujeres empresarias, especialmente las argentinas, tienen un espacio propio en la red. Encontramos información para la vida empresarial, como, por ejemplo, el enlace "Centro de negocios", que conduce hasta una exhaustiva y bien organizada base de datos de empresas organizada por sectores, o el enlace "Canales", que nos da acceso a artículos informativos relacionados con marketing, fianzas, recursos humanos... Pero la vida privada no se olvida y el enlace "Lo diario" nos lo recuerda.

http://www.bcra.gov.ar/

El Banco Central de la República Argentina contiene variada información financiera elaborada en estrecha colaboración con las Cámaras de Comercio del país. La información principal se presenta bajo tres enlaces: "Regulación y Supervisión", "Entidades financieras y cambiarias" y "Consulta de deudores y cheques rechazados". Para acceder a información más general hay que acudir al "Menú Principal".

www.mundolatino.org

• Portal multitemático. Presenta, inicialmente, siete enlaces temáticos (Cultura, Dinero, Motor, Música, Niños, Prensa y Viajar), pero también está organizado por países, y en cada país los temas se llegan a diversificar aún más. Es una herramienta rápida, efectiva y ordenada para acceder a la información deseada de las diferentes áreas en las que se usa el español. Se incluye EE.UU.

THE UNIVERSITY
OF BIRMINGHAM

CENTRE FOR
MODERN LANGUAGES